Marinno Qarsoon oo Fara Badan!

David E. McAdams

Xuquuqda Daabacaadda 2025 Life is a Story Problem LLC. Dhammaan xuquuqaha waa la ilaaliyay. Qayb kamid ah buuggan looma koobiyayn karo, looma kaydin karo, loona gudbin karo si kasta ha ahaatee iyadoo aan la helin oggolaansho qoran oo cad oo ka yimid haysta xuquuqda.

Buugaag kale oo uu qoray David E. McAdams

Midabada ee Baqbaqaaq - Hordhac fikradda midabada. Kuwa aan gaarin dugsiga barbaarinta.

Midabada ubaxyada - Hordhac fikradda midabada. Kuwa aan gaarin dugsiga barbaarinta.

Midabada Cosmos-ka - Hordhac fikradda midabada. Kuwa aan gaarin dugsiga barbaarinta.

Midabada Boqortooyada - Amiirro iyo amiirado ayaa baraya magacyada midabada.

Qaababka - Hordhac qaababka. Kuwa aan gaarin dugsiga barbaarinta.

Buugga Midabaynta Nambarada Gawaarida Dheereeya - Baro tirooyinka adigoo midabaynaya gawaarida dheereeya. Da'da 4 ilaa 7 jir.

Buugga Lambarrada Masduulaaga - Masduulaayo qurux badan ayaa baraya lambarrada 0 ilaa 10. Da'da 4 ilaa 7 jir.

Tirooyinka - Hordhac fikradda tirooyinka. Fasalada K-2.

Waa Maxay Waxa Ka Weyn Wax Kasta? (Xad-la'aan) - Hordhac fikradda aan dhammaadka lahayn. Fasalada 1-3.

Isticmaalka lacagta ciyaarta si aad u barato nambarada - Bar tiro badan oo ku xisaabta in ka badan $1,000,000 oo lacagta ciyaarta ah.

Jajabka aan Jeclahay (mujarooyinka 1, 2) - Buugaag sawir leh oo jajabyo yaab leh ayaa loo soo bandhigay sidii sawiro xalin sare leh. Da' walba.

All Math Words Dictionary (Ingiriisi) - Qaamuuska xisaabta ee ardayda aljabrada ka hor, aljabra, joomatari, iyo xisaabinta ka hor.

Hal milyan oo tirada ugu horreysa ee Pi (π) - Milyanka lambar ee ugu horreeya ee pi. Da' walba.

Hal milyan oo tirada ugu horreysa ee Lambarka Euler (e) - Milyanka lambar ee ugu horreeya Euler-ka joogtada ah e. Da' walba.

Hal milyan oo tirada ugu horreysa ee xididka laba ($\sqrt{2}$) (Ingiriisi) - Milyanka lambar ee ugu horreeya ee xidid laba jibaaran 2. Da' kasta.

Boqol kun ee tirada asal ah ee ugu horreysa (Ingiriisi) - Boqolka kun ee tirada ugu horreeya. Da' walba.

Marinno Qarsoon oo Fara Badan! – Waa ururin xiiso leh oo ka kooban 241 marin qarsoon oo si gacanta loo sameeyey, looguna talagalay in ay madadaaliyaan, tartan geliyaan, kuna farxiyaan dadka jecel halxidhaalayaasha da' kasta ha ahaadeene.

Geometric Nets Project Book (Ingiriisi) - 80 shabaqyada joometeriga ah si loo koobiyo, gooyo, oo la wada duubo loona wada duubo 3 cabbir oo polyhedra ah. Da'da 9 iyo ka weyn.

Geometric Nets Mega Project Book (Ingiriisi) - 253 shabagyada joomatari si loo koobiyo, gooyo, oo loo wada duubo 3 cabbir oo polyhedra ah. Da'da 9 iyo ka weyn.

Si aad u hesho liis cusub, eeg https://www.DEMcAdams.com.

Jadwalka Mawduucyada

How to Solve a Maze: A Practical Guide 1
   1. The Wall-Following Rule (Right-Hand or Left-Hand Rule) 1
   2. Look Ahead and Plan 1
   3. Work Backward from the Exit 1
   4. Use a Pencil Lightly (for Paper Mazes) 2
   5. Leave Breadcrumbs (Physical Mazes) 2
   6. Dead-End Filling (Algorithmic Approach) 2
   7. Map It Out (For Complex Mazes) 3
   Bonus Tips 3
9×12 Easy Square Mazes 4
12×15 Easy Square Mazes 10
12×15 Medium Square Mazes 15
20×24 Medium Square Mazes 21
20×24 Hard Square Mazes 27
30×37 Hard Square Mazes 33
9×12 Easy Triangular Mazes 38
12×15 Easy Triangular Mazes 44
12×15 Medium Triangular Mazes 49
20×24 Medium Triangular Mazes 54
20×24 Hard Triangular Mazes 60
30×37 Hard Triangular Mazes 66
12×19 Easy Hexagonal Mazes 71
15×23 Easy Hexagonal Mazes 76
15×23 Medium Hexagonal Mazes 85
24×39 Medium Hexagonal Mazes 95
24×39 Hard Hexagonal Mazes 100
37×59 Hard Hexagonal Mazes 105
9×12 Easy Diamond Mazes 111
12×15 Easy Diamond Mazes 117
12×15 Medium Diamond Mazes 122
20×24 Medium Diamond Mazes 127
20×24 Hard Diamond Mazes 133
30×37 Hard Diamond Mazes 139
9×12 Easy Snub Square Mazes 144
12×15 Easy Snub Square Mazes 153
12×15 Medium Snub Square Mazes 158
20×24 Medium Snub Square Mazes 164
20×24 Hard Snub Square Mazes 172
30×37 Hard Snub Square Mazes 181

9×12 Easy Snub Square 2 Mazes	187
9×12 Easy Cairo Mazes	193
12×15 Easy Cairo Mazes	200
13×16 Easy Cairo Mazes	205
13×15 Medium Cairo Mazes	210
20×24 Medium Cairo Mazes	215
20×24 Hard Cairo Mazes	221
30×37 Hard Cairo Mazes	227
20×20 Hard Circular Mazes	232
25×25 Hard Circular Mazes	239
30×30 Hard Circular Mazes	244
35×35 Hard Circular Mazes	250
9×12 Easy Square Triangle Mazes	258
12×15 Easy Square Triangle Mazes	264
12×15 Medium Square Triangle Mazes	269
20×24 Medium Square Triangle Mazes	274
20×24 Hard Square Triangle Mazes	280
30×37 Hard Square Triangle Mazes	286
Solutions	291

Sida Loo Xalliyo Marinno Qarsoon: Tilmaamo Fudud oo Wax-ku-ool ah

Marinno qarsoon waa halxidhaale ka kooban wadooyin iyo waddooyin been ah. Haddii aad ku xallinayso warqad, aad dhex socdaal ku tahay marin dhir ah, ama aad adeegsanayso marin dijitaal ah, ujeeddadu waa isku mid: hel waddada ka bilaabata gelitaanka ilaa laga baxayo. Waa kuwan dhowr xeeladood oo waxtar leh oo aad adeegsan karto:

1. Xeerka Raacista Darbiga (Gacanta Midig ama Gacanta Bidix)

Sida ay u shaqeyso:

- Geli marinka adigoo hal gacan ku haya darbiga (midig ama bidix).
- Gacantaas ku sii wad inaad ku hayso darbiga inta aad socoto.
- La soco darbiga adigoo la leexanaya marka darbigu leexdo.

Goorta la adeegsado:

- Waxaa si fiican ugu shaqeeya marinno isku xidhan (oo aan lahayn qaybo gooni u ah).
- Wuxuu ka shaqayn karin marinno leh "jasiirado" ama derbiyo dul sabeynaya.

Faa'iidooyinka: Way fududahay in la raaco; ma u baahna xasuus ama sawirid.
Qasaarooyinka: Waqti dheer ayay qaadan kartaa haddii waddada saxda ahi fog tahay.

2. Hore u Eeg oo Qorshee

Sida ay u shaqeyso:

- Kahor intaadan dhaqaaqin, fiiri meesha hore si aad u ogaato meelaha dhamaada ama waddooyinka gaaban.
- Adeegso calaamado muuqaal ah si aad u saadaaliso waddooyinka saxda ah.

Goorta la adeegsado:

- Wax ku ool u ah marinno warqad ah ama kuwa leh muuqaal cad.

Faa'iidooyinka: Waxay ka hortagtaa dib u laabashada; waxay dedejisaa horumarka.
Qasaarooyinka: Waxay u baahan tahay fiiro dheer iyo marmar tijaabo iyo qalad.

3. Ka Bilaaw Dhamaadka oo U Soo Noqo Hore

Sida ay u shaqeyso:

- Ka bilow meelaha laga baxo marinka, oo dib ugu noqo bilowga.

- Tani waxay fududayn kartaa helista waddada saxda ah.

Goorta la adeegsado:
- Kaliya marka aad arki karto marinka oo dhan.

Faa'iidooyinka: Meesha laga baxo mararka qaar waxay leedahay waddooyin yar, taasoo sahleysa raadinta.

Qasaarooyinka: Mar walba suurtagal ma aha in la arko ama la oggolaado.

4. Isticmaal Qalin Si Fudud (Warqadaha)

Sida ay u shaqeyso:
- Si fudud ugu mari waddada qalinka si aad u tirtiri karto markaad khalado.
- Calaamadee meelaha dhamaada si aanad ugu noqon.

Goorta la adeegsado:
- Ku habboon marinno lagu daabacay ama la sawiray.

Faa'iidooyinka: Waxay kaa caawisaa inaad la socoto waddooyinka la tijaabiyey.
Qasaarooyinka: Waxay u baahan tahay dulqaad iyo fiiro.

5. Dhaaf "Calaamado" (Marinno Dhaba ah)

Sida ay u shaqeyso:
- Ku rid calaamado yaryar (sida lacag ama dhagax) meelaha isgoyska ah.
- Calaamadee waddooyinka aad tijaabisay si aanad isugu wareegin.

Goorta la adeegsado:
- Ku habboon marinno nolosha dhabta ah sida beero galley ah ama qolalka laga baxo (escape rooms).

Faa'iidooyinka: Waxay kaa caawisaa in aadan ku celin waddooyin hore.
Qasaarooyinka: Mararka qaar lama oggola ama suurtagal ma aha.

6. Buuxinta Meelaha Dhamaada (Hab Xisaabeed)

Sida ay u shaqeyso:
- Aqoonsi dhammaan meelaha dhamaada, calaamadee.
- Dib uga shaqee, tirtir waddooyinka aan meel gaarin.

Goorta la adeegsado:
- Warqad ama marinno dijitaal ah oo la wada arki karo.

Faa'iidooyinka: Waxay dammaanad qaadaysaa in la helo waddada saxda ah.
Qasaarooyinka: Waqti badan ayay qaadan kartaa haddii marinku weynyahay.

7. Samee Khariidad (Marinno Dhib Badan)

Sida ay u shaqeyso:

- Sawir waddooyinka aad sahaminayso.
- Calaamadee laamoodka, meelo isugu laabanaya, iyo isgoysyada.

Goorta la adeegsado:

- Ku habboon marinno badan oo isku laaban ama wakhti dheer lagu xallinayo.

Faa'iidooyinka: Waxay kuu sameysaa diiwaan; aad waxtar u leh.
Qasaarooyinka: Waqti iyo dadaal ayay u baahan tahay.

Talooyin Dheeraad ah

- **Deganaan:** Inaad lumto waa qayb ka mid ah safarka.
- **Calaamado muuqda:** Ku raadso waxyaabo gaar ah oo lagu garto marinka dhabta ah.
- **La soco doorashadaada:** Xasuuso ama qoro markaad midig/bidix u jeesato.
- **Garsoor Ujeeddada:** Ujeeddadu ma bartamaha marinka tahay, albaabka laga baxo, mise shay qarsoon?

Ku raaxayso sahminta marinno qarsoon!

9×12 Marinno qarsoon oo Fudud oo Afar-gees ah

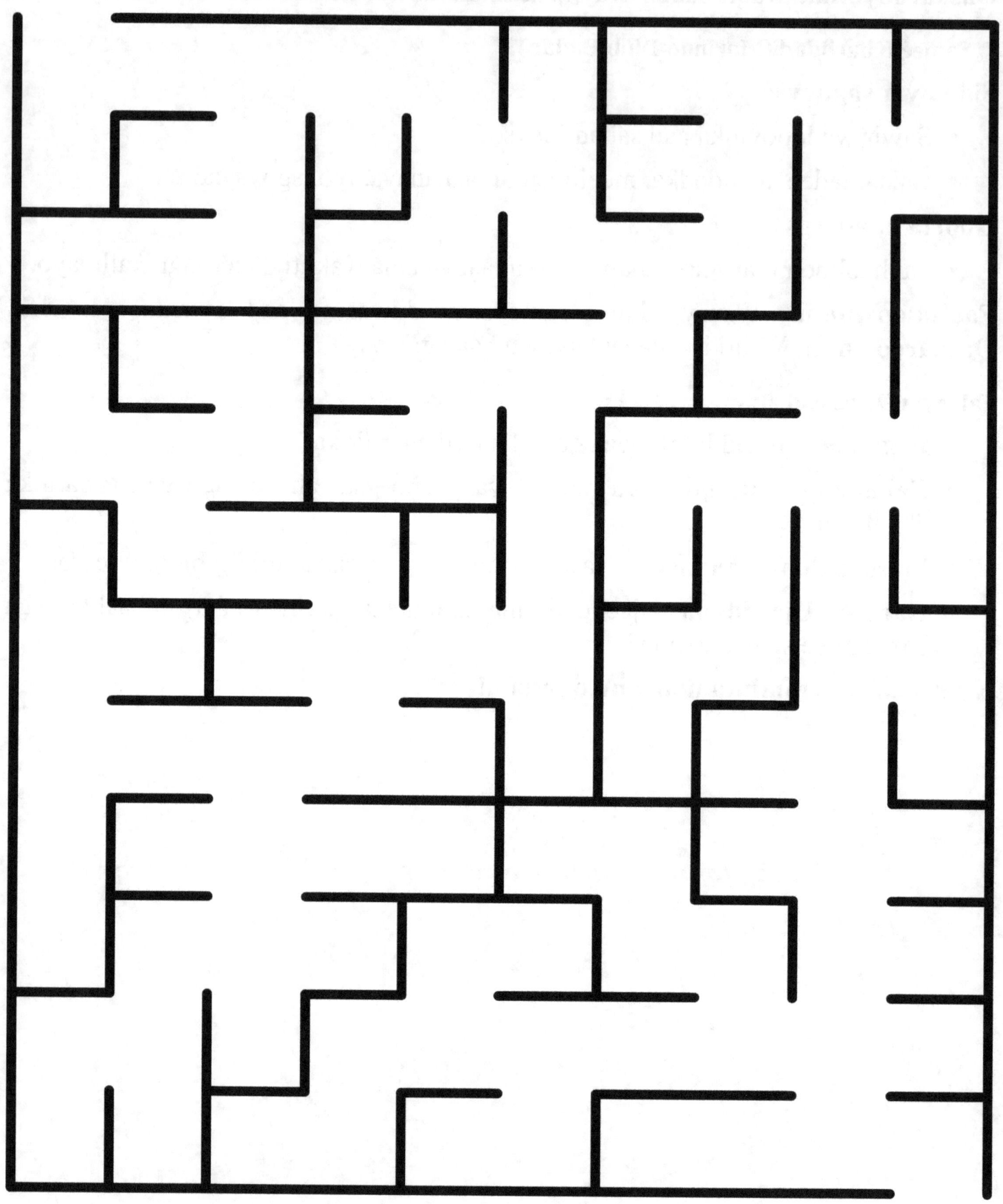

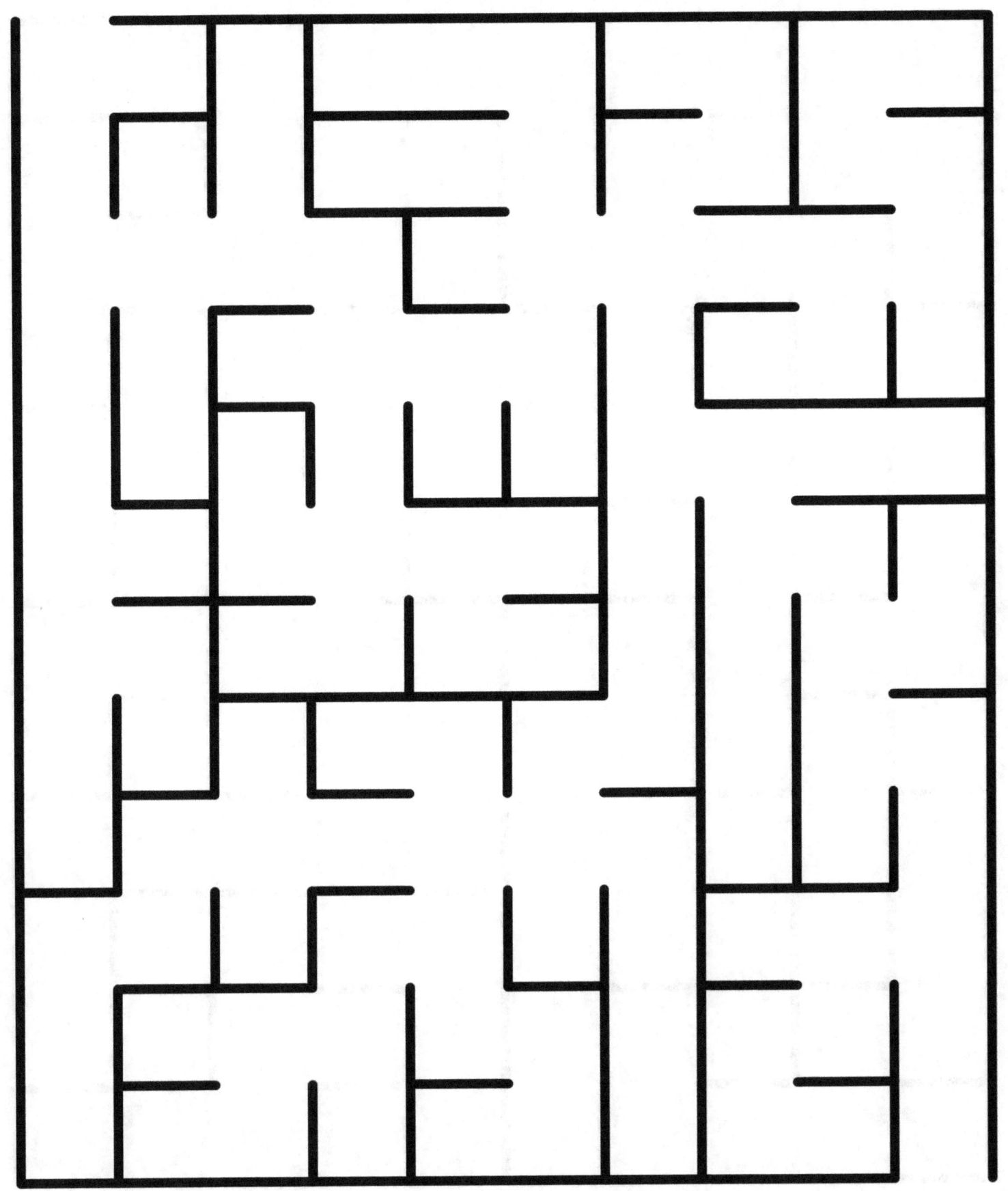

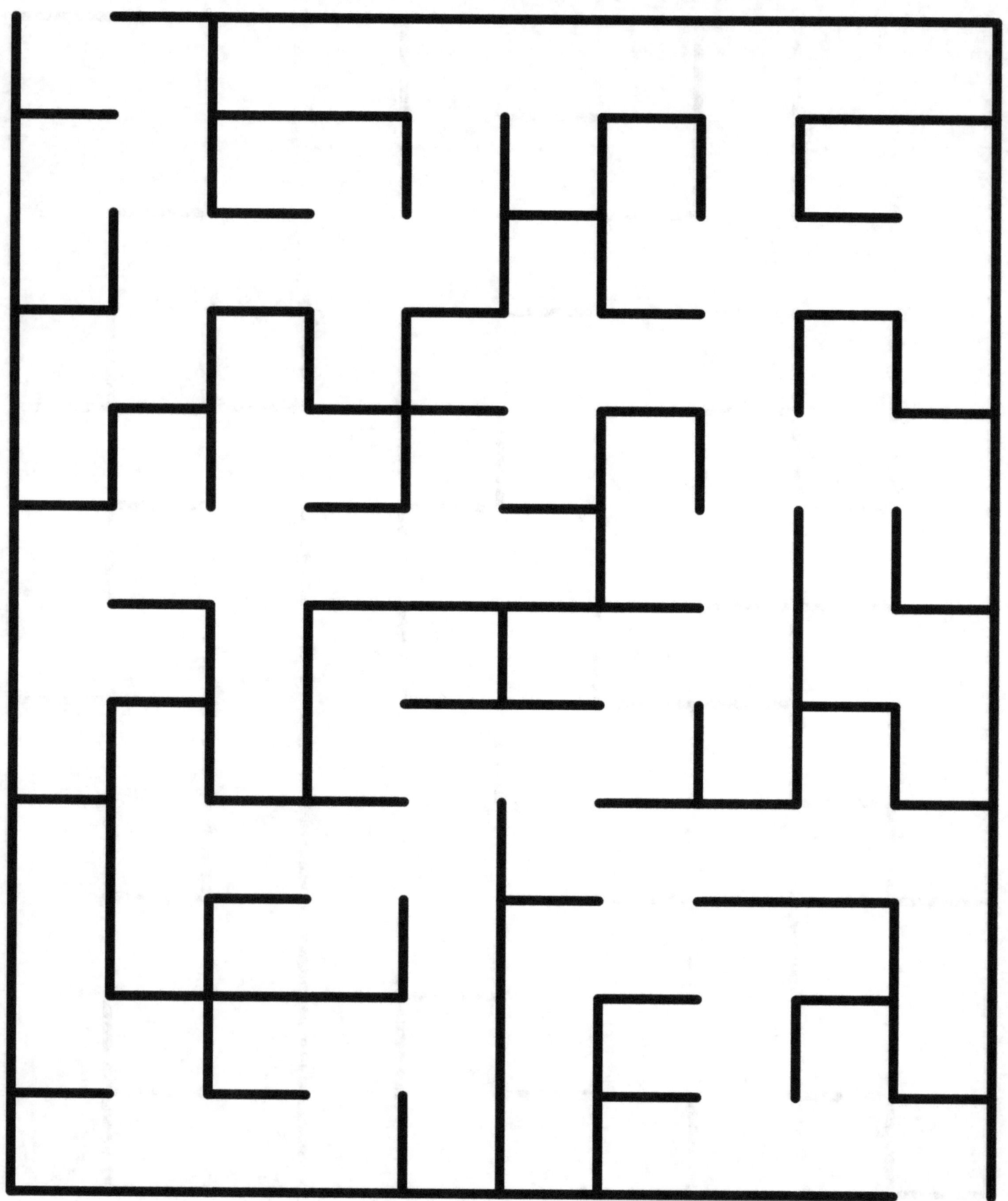

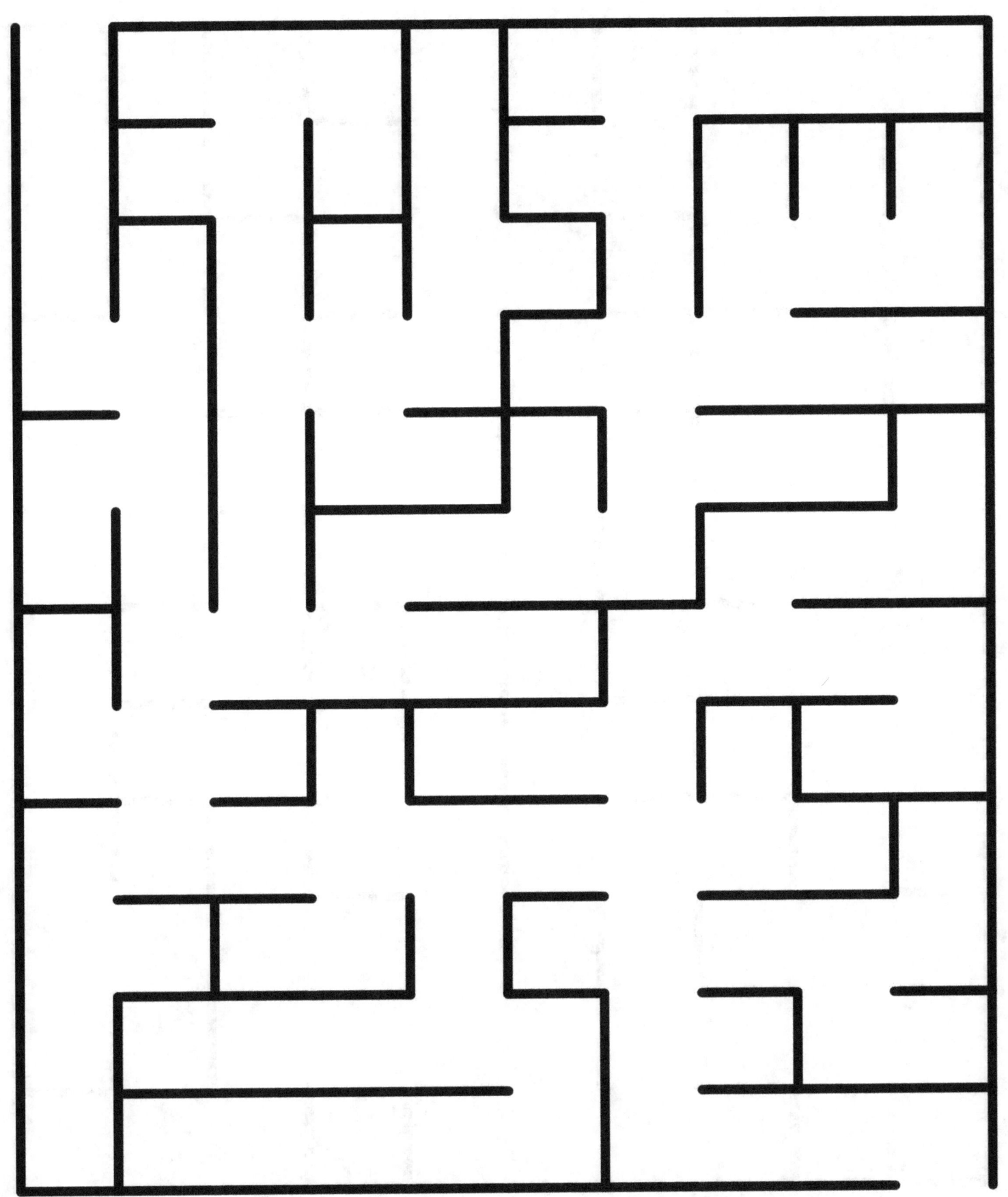

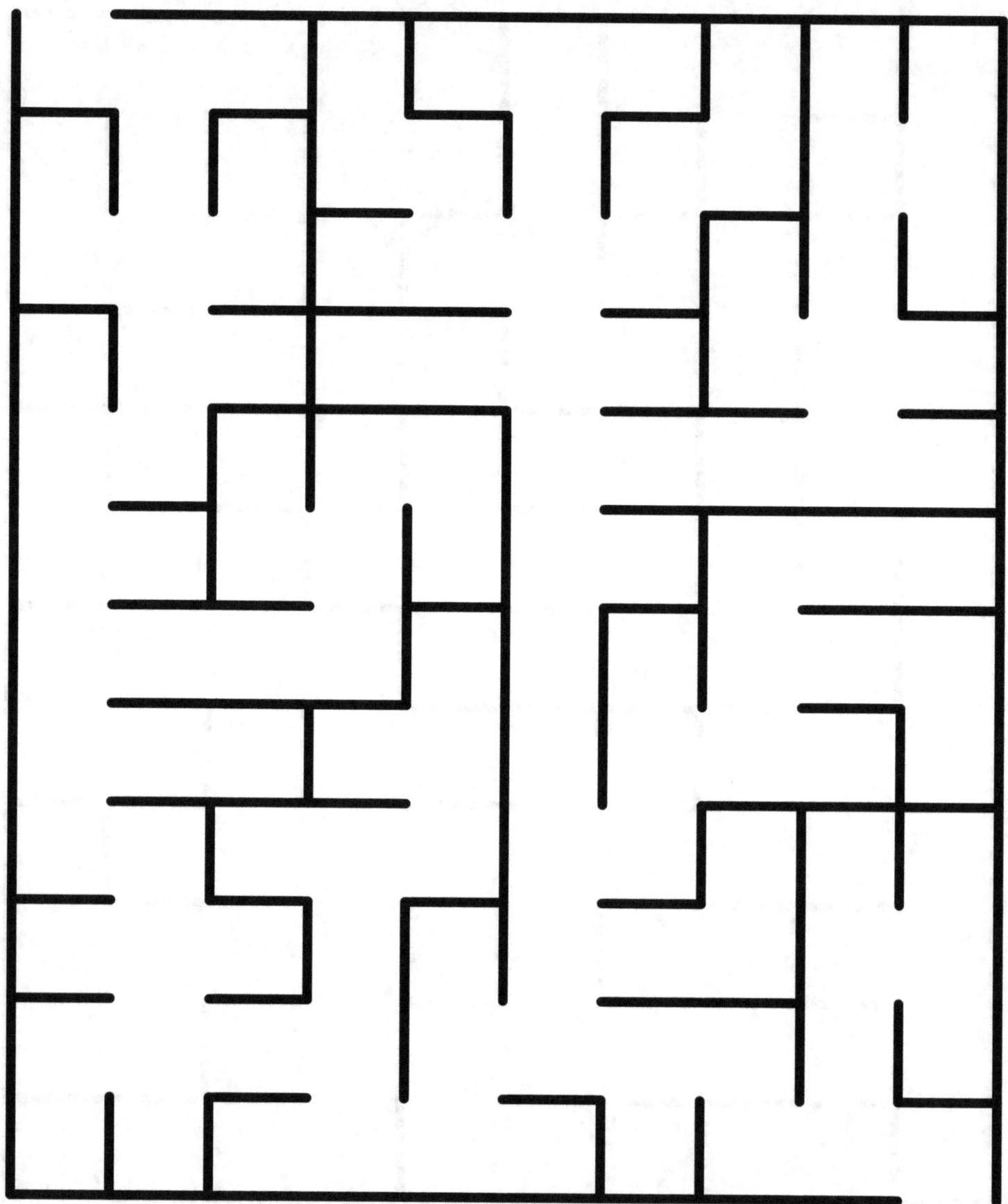

12×15 Marinno qarsoon oo Fudud oo Afar-gees ah

12×15 Marinno qarsoon oo Dhexdhexaad ah oo Afar-gees ah

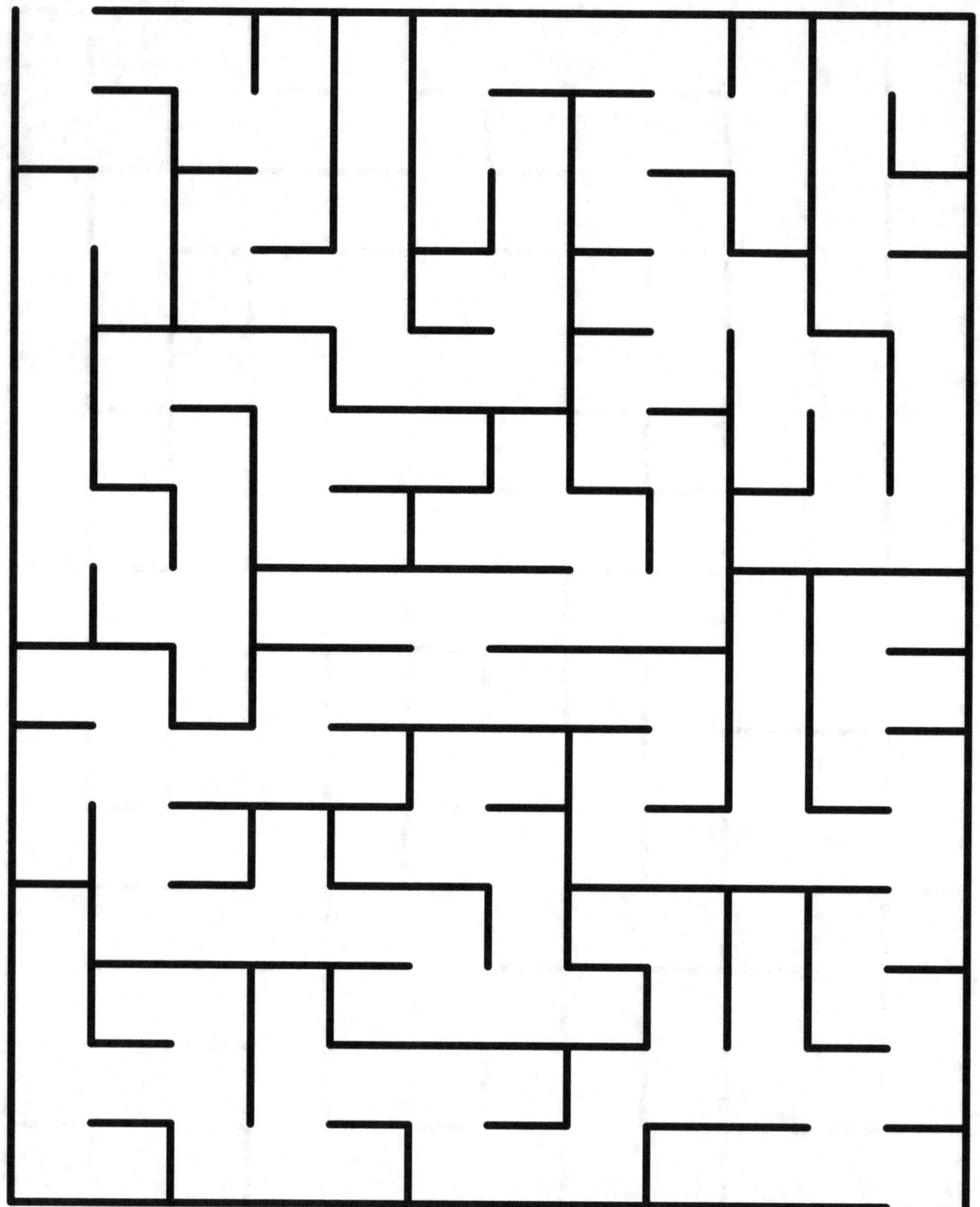

20×24 Marinno qarsoon oo Dhexdhexaad ah oo Afar-gees ah

20×24 Marinno qarsoon oo Adag oo Afar-gees ah

30×37 Marinno qarsoon oo Adag oo Afar-gees ah

9×12 Marinno qarsoon oo Fudud oo Saddex-gees ah

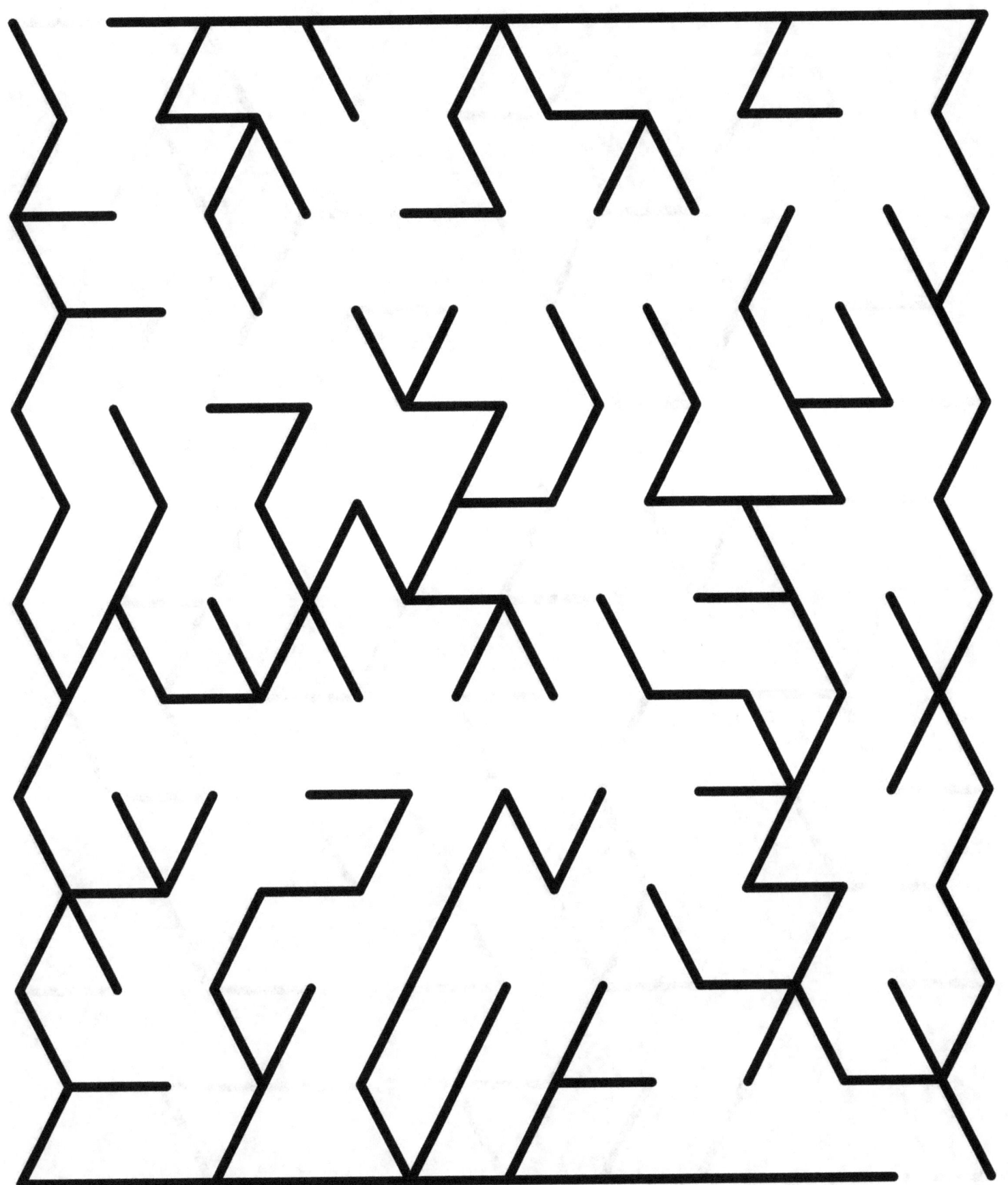

12×15 Marinno qarsoon oo Fudud oo Saddex-gees ah

12×15 Marinno qarsoon oo Dhexdhexaad ah oo Saddex-gees ah

20×24 Marinno qarsoon oo Dhexdhexaad ah oo Saddex-gees ah

20×24 Marinno qarsoon oo Adag oo Saddex-gees ah

30×37 Marinno qarsoon oo Adag oo Saddex-gees ah

12×19 Marinno qarsoon oo Fudud oo Lix-gees ah

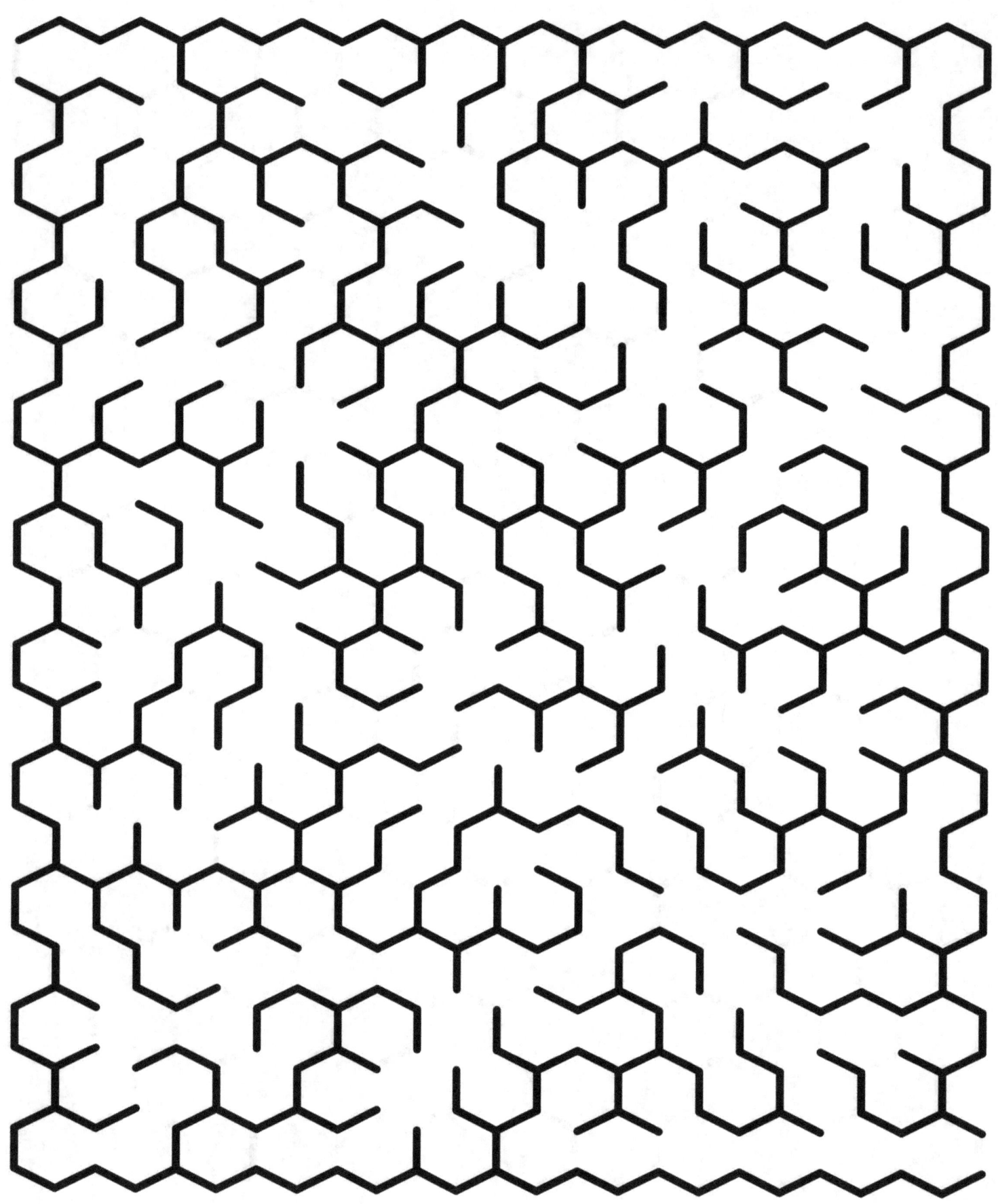

15×23 Marinno qarsoon oo Fudud oo Lix-gees ah

15×23 Marinno qarsoon oo Dhexdhexaad ah oo Lix-gees ah

24×39 Marinno qarsoon oo Dhexdhexaad ah oo Lix-gees ah

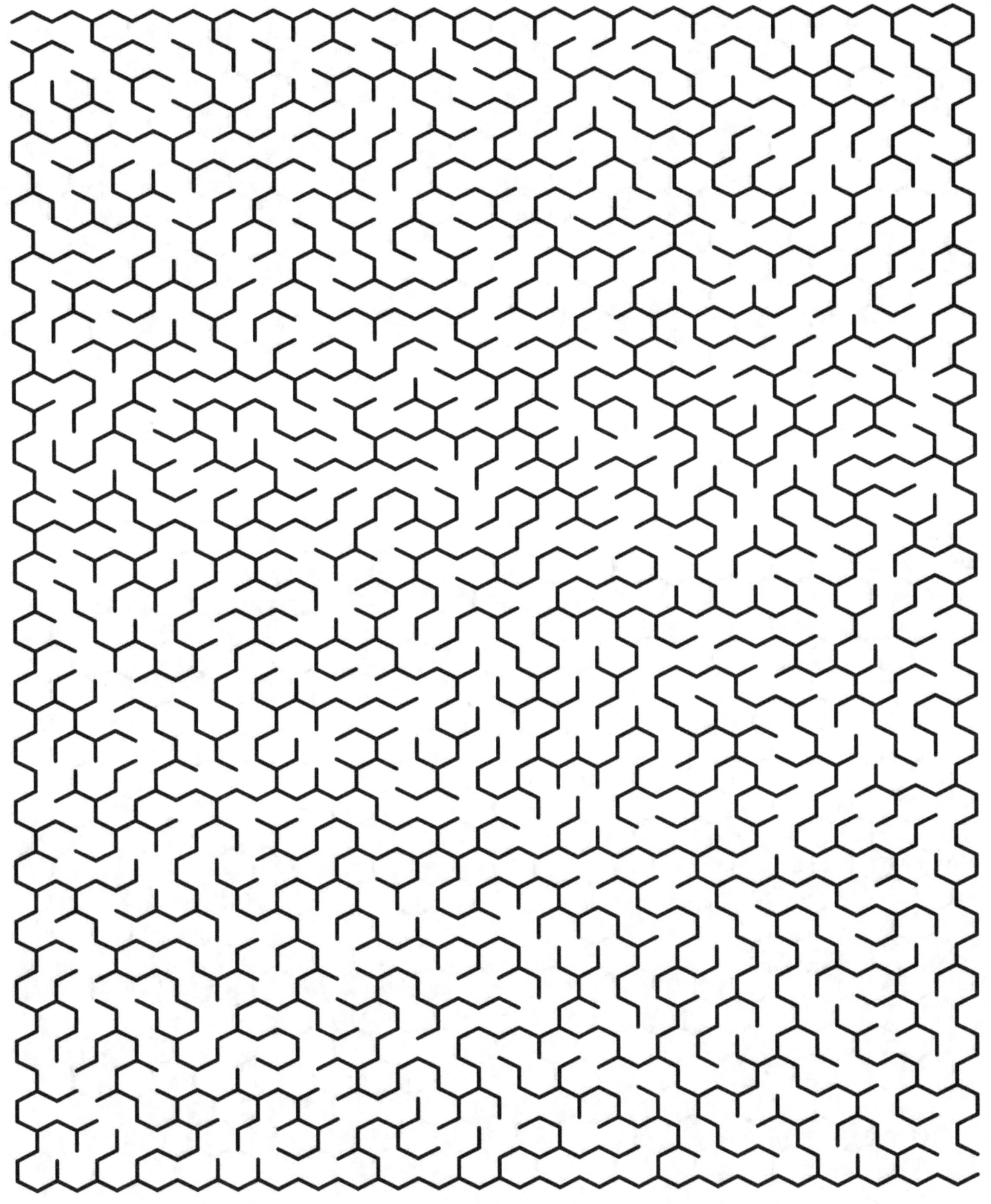

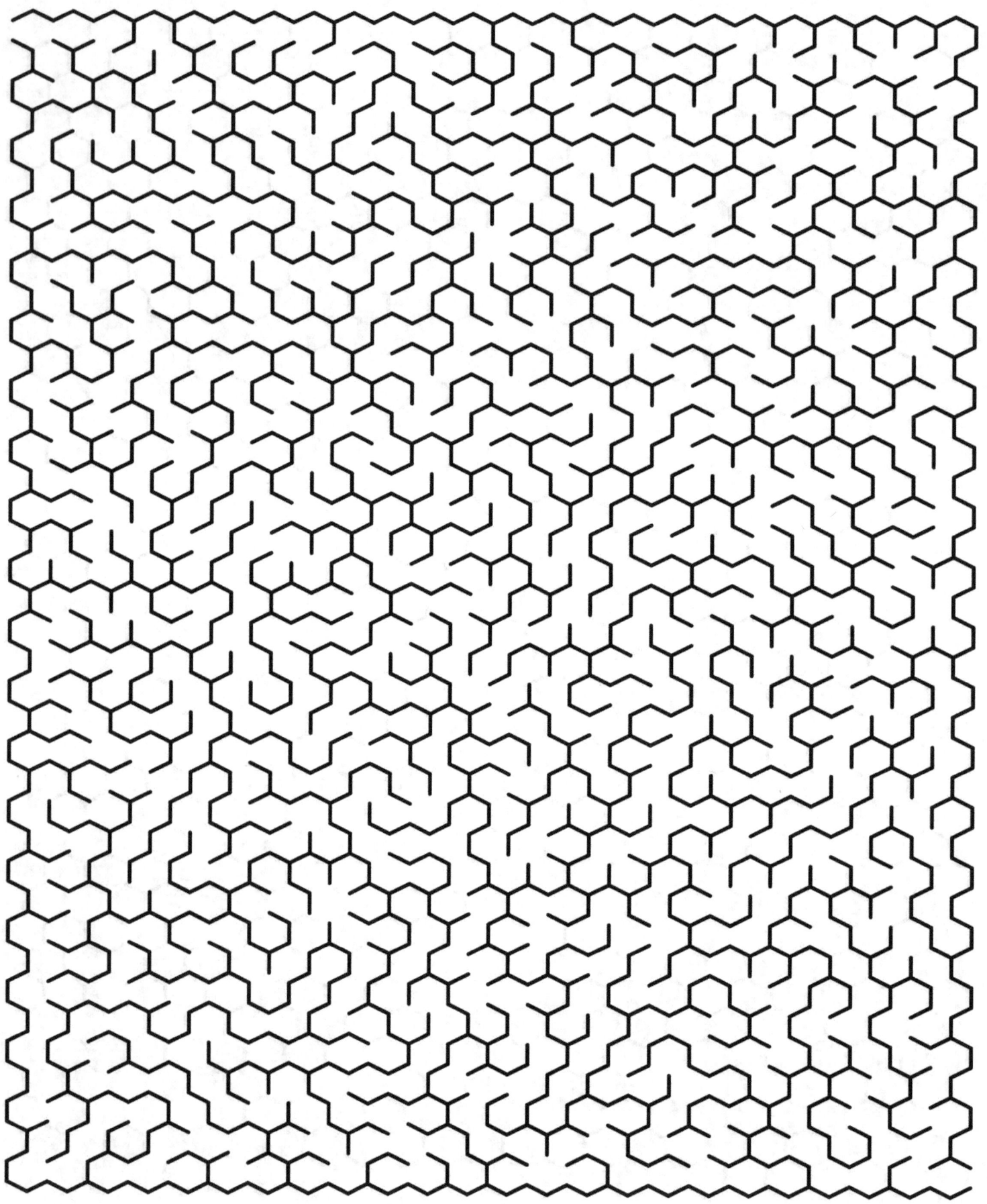

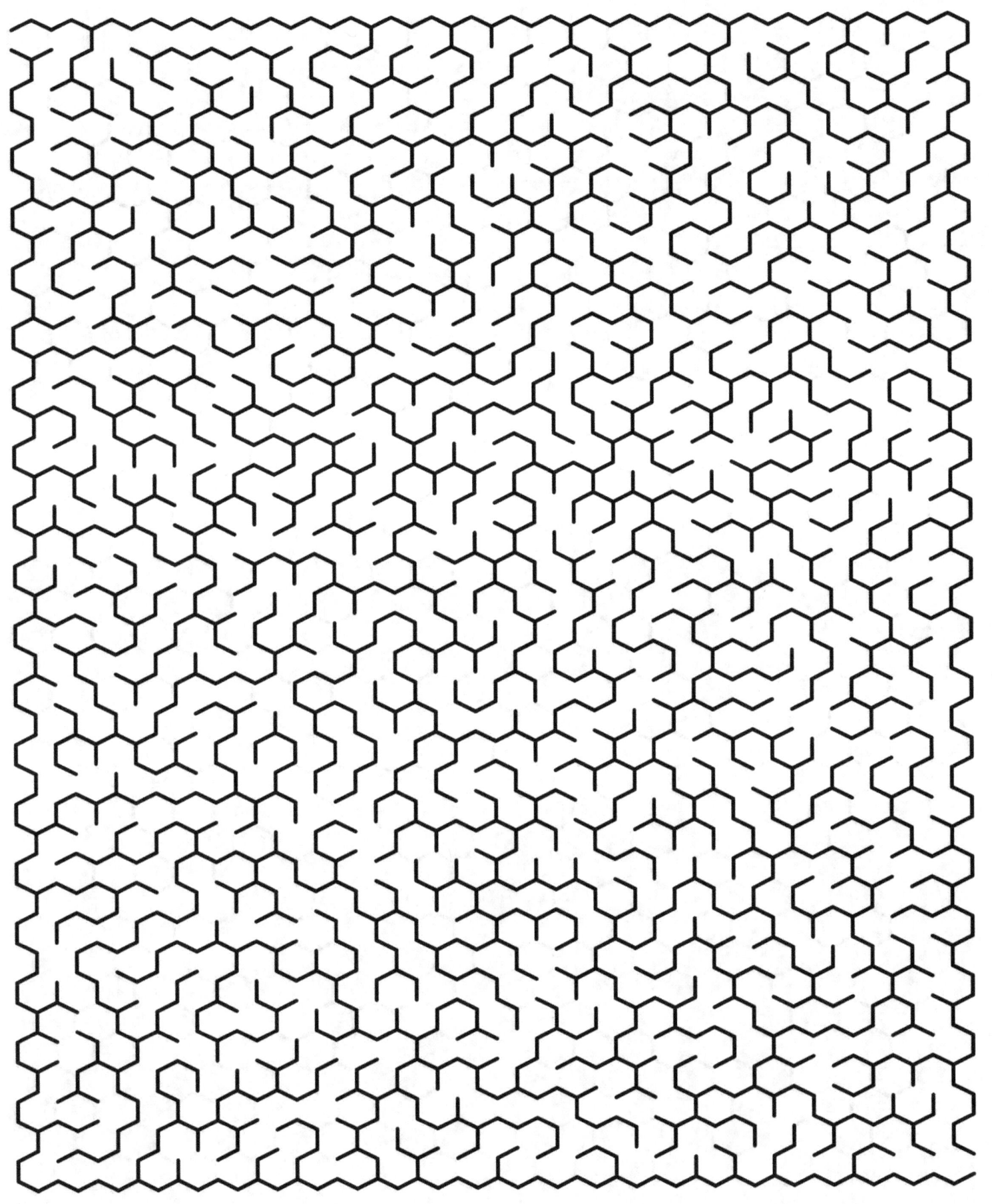

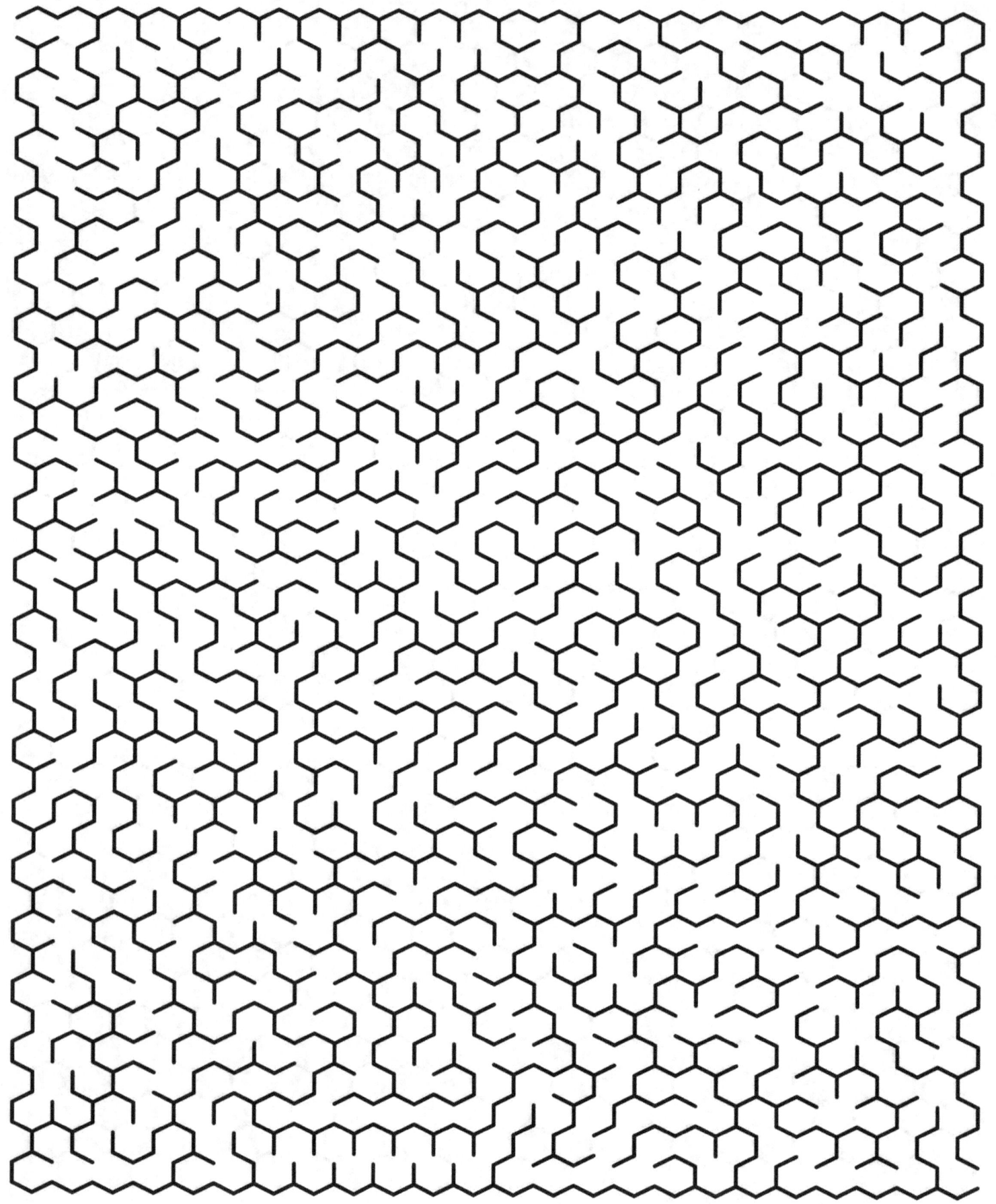

24×39 Marinno qarsoon oo Adag oo Lix-gees ah

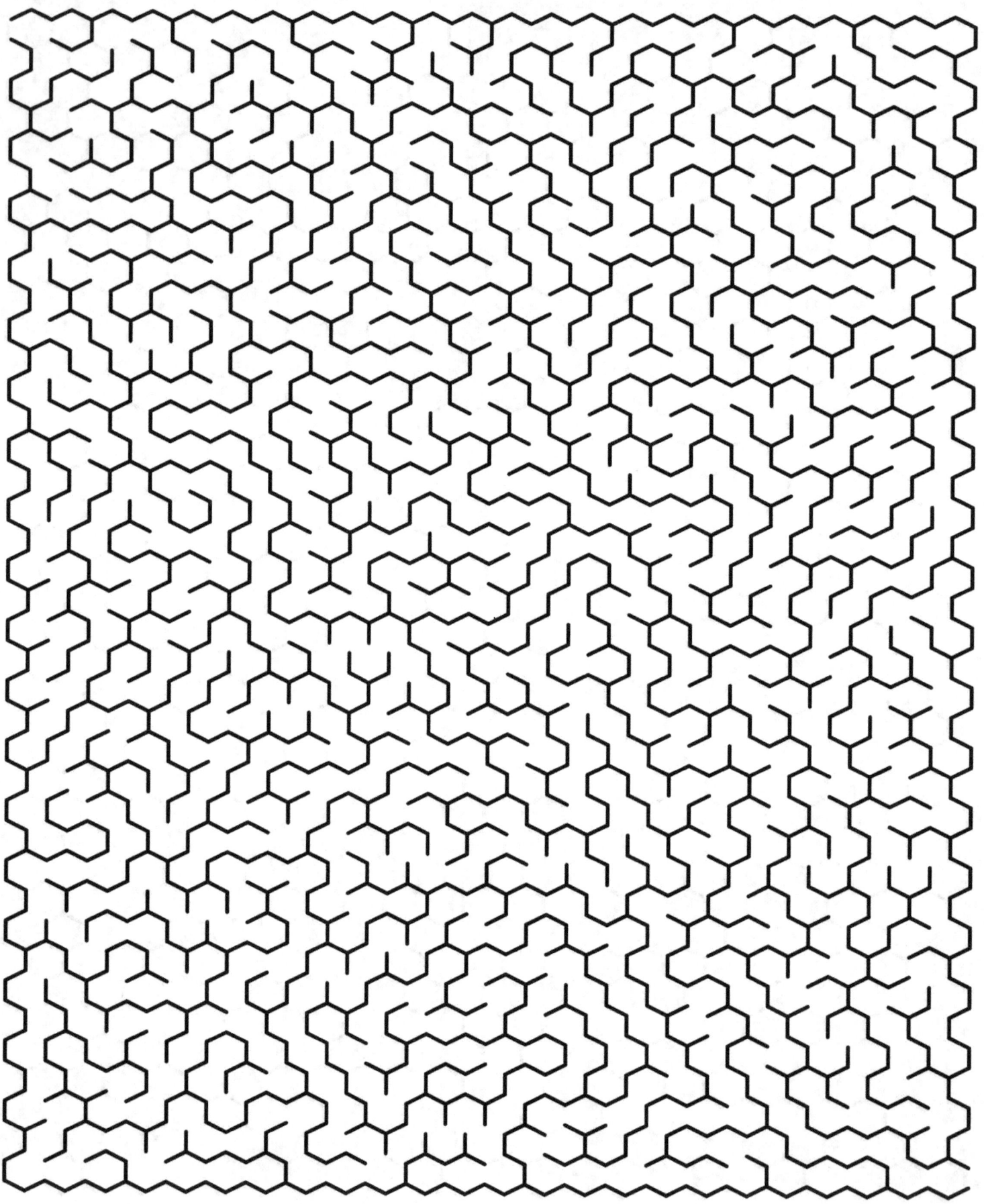

37×59 Marinno qarsoon oo Adag oo Lix-gees ah

9×12 Marinno qarsoon oo Fudud oo Dheeman ah

12×15 Marinno qarsoon oo Fudud oo Dheeman ah

12×15 Marinno qarsoon oo Dhexdhexaad ah oo Dheeman ah

20×24 Marinno qarsoon oo Dhexdhexaad ah oo Dheeman ah

20×24 Marinno qarsoon oo Adag oo Dheeman ah

30×37 Marinno qarsoon oo Adag oo Dheeman ah

9×12 Marinno qarsoon oo Fudud oo Snub Afar-gees ah

12×15 Marinno qarsoon oo Fudud oo Snub Afar-gees ah

12×15 Marinno qarsoon oo Dhexdhexaad ah oo Snub Afar-gees ah

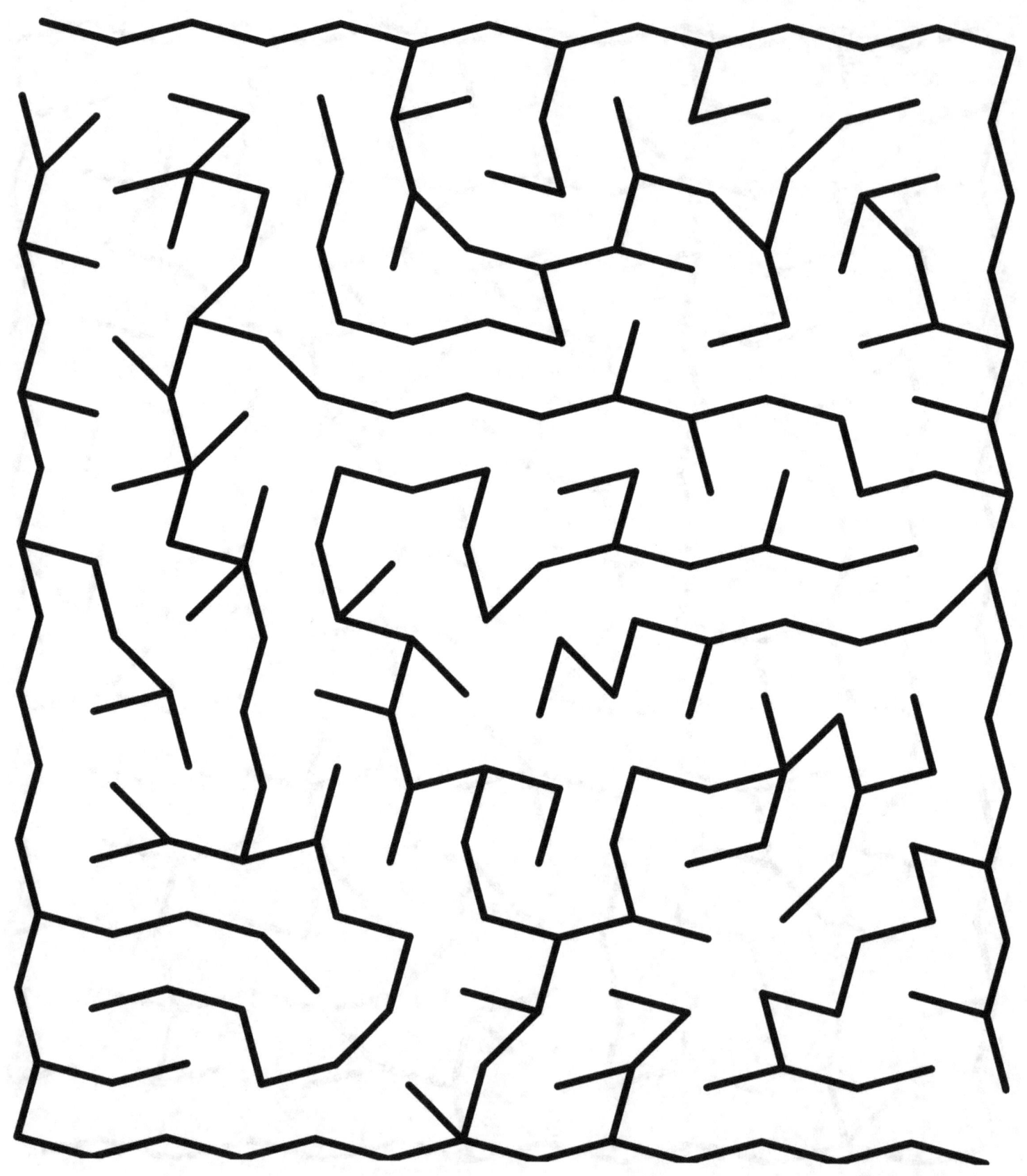

20×24 Marinno qarsoon oo Dhexdhexaad ah oo Snub Afar-gees ah

20×24 Marinno qarsoon oo Adag oo Snub Afar-gees ah

30×37 Marinno qarsoon oo Adag oo Snub Afar-gees ah

9×12 Marinno qarsoon oo Fudud oo Snub Afar-gees 2 ah

9×12 Marinno qarsoon oo Fudud oo Qaabka Qaahira (Cairo)

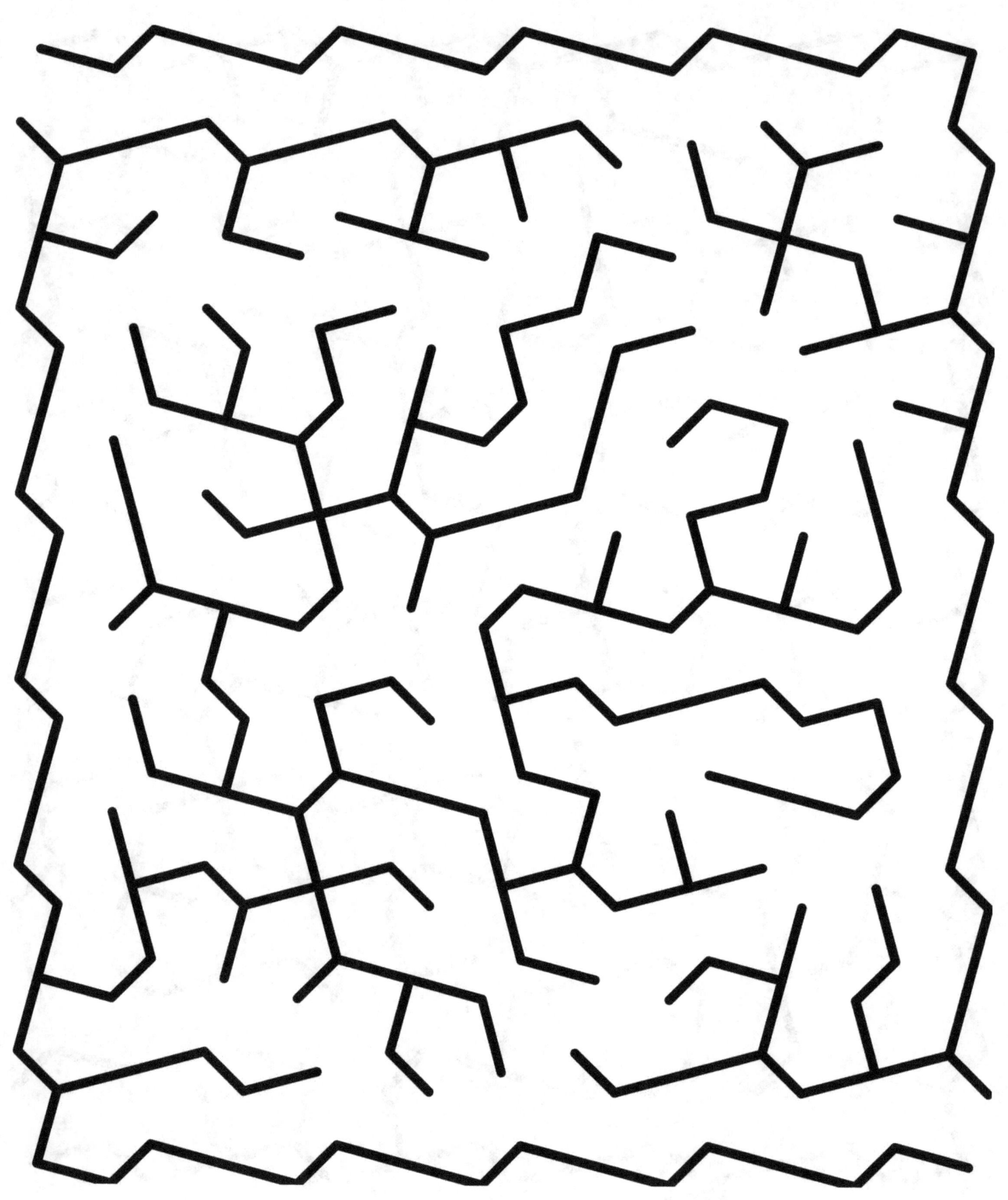

12×15 Marinno qarsoon oo Fudud oo Qaabka Qaahira

13×16 Marinno qarsoon oo Fudud oo Qaabka Qaahira

13×15 Marinno qarsoon oo Dhexdhexaad ah oo Qaabka Qaahira

20×24 Marinno qarsoon oo Dhexdhexaad ah oo Qaabka Qaahira

20×24 Marinno qarsoon oo Adag oo Qaabka Qaahira

30×37 Marinno qarsoon oo Adag oo Qaabka Qaahira

20×20 Marinno qarsoon oo Adag oo Wareegsan (Goob ah)

25×25 Marinno qarsoon oo Adag oo Wareegsan

30×30 Marinno qarsoon oo Adag oo Wareegsan

35×35 Marinno qarsoon oo Adag oo Wareegsan

9×12 Marinno qarsoon oo Fudud oo Afar-gees iyo Saddex-gees iskugu jira

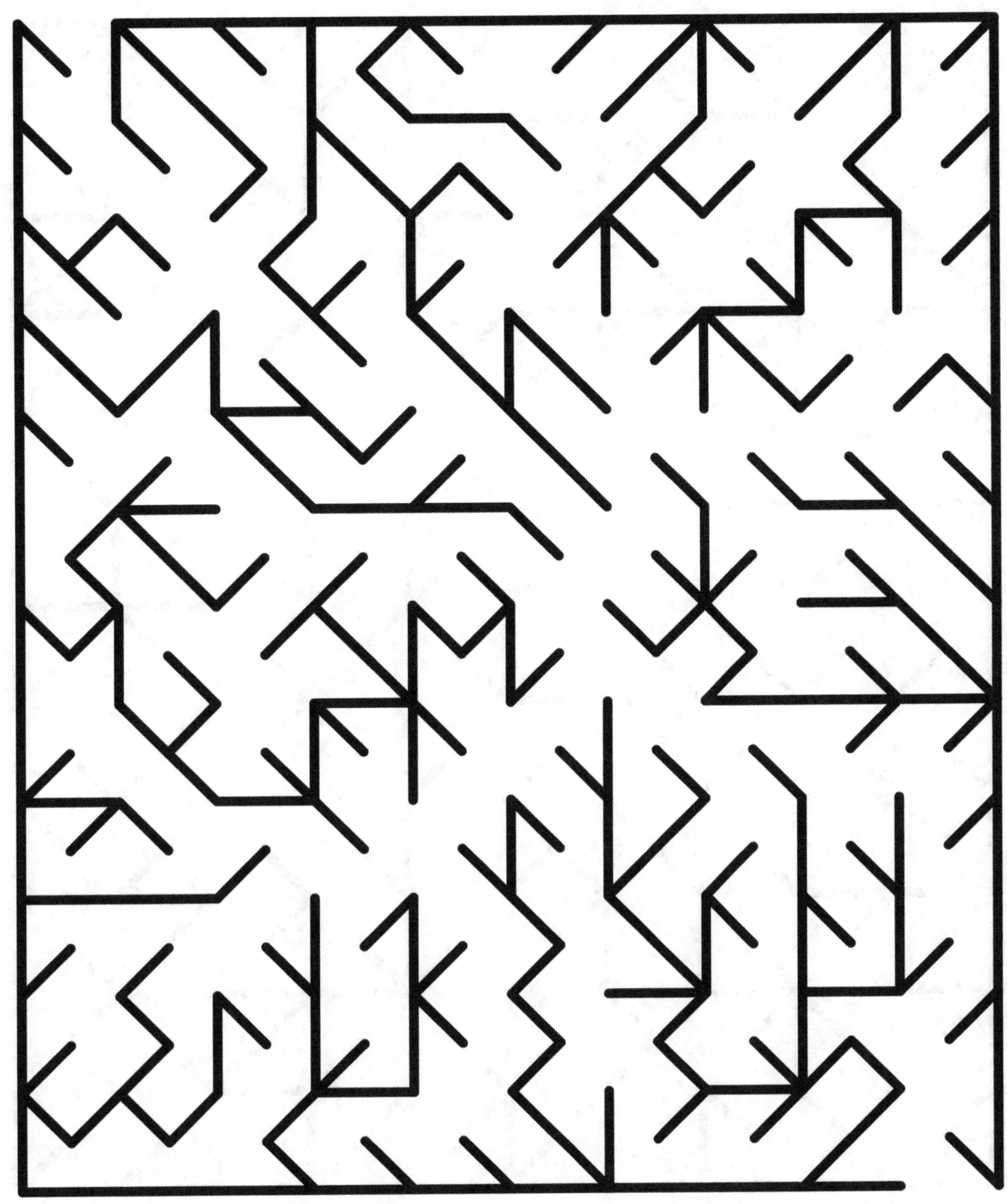

20×24 Marinno qarsoon oo Dhexdhexaad ah oo Afar-gees iyo Saddex-gees ah

12×15 Marinno qarsoon oo Fudud oo Afar-gees iyo Saddex-gees ah

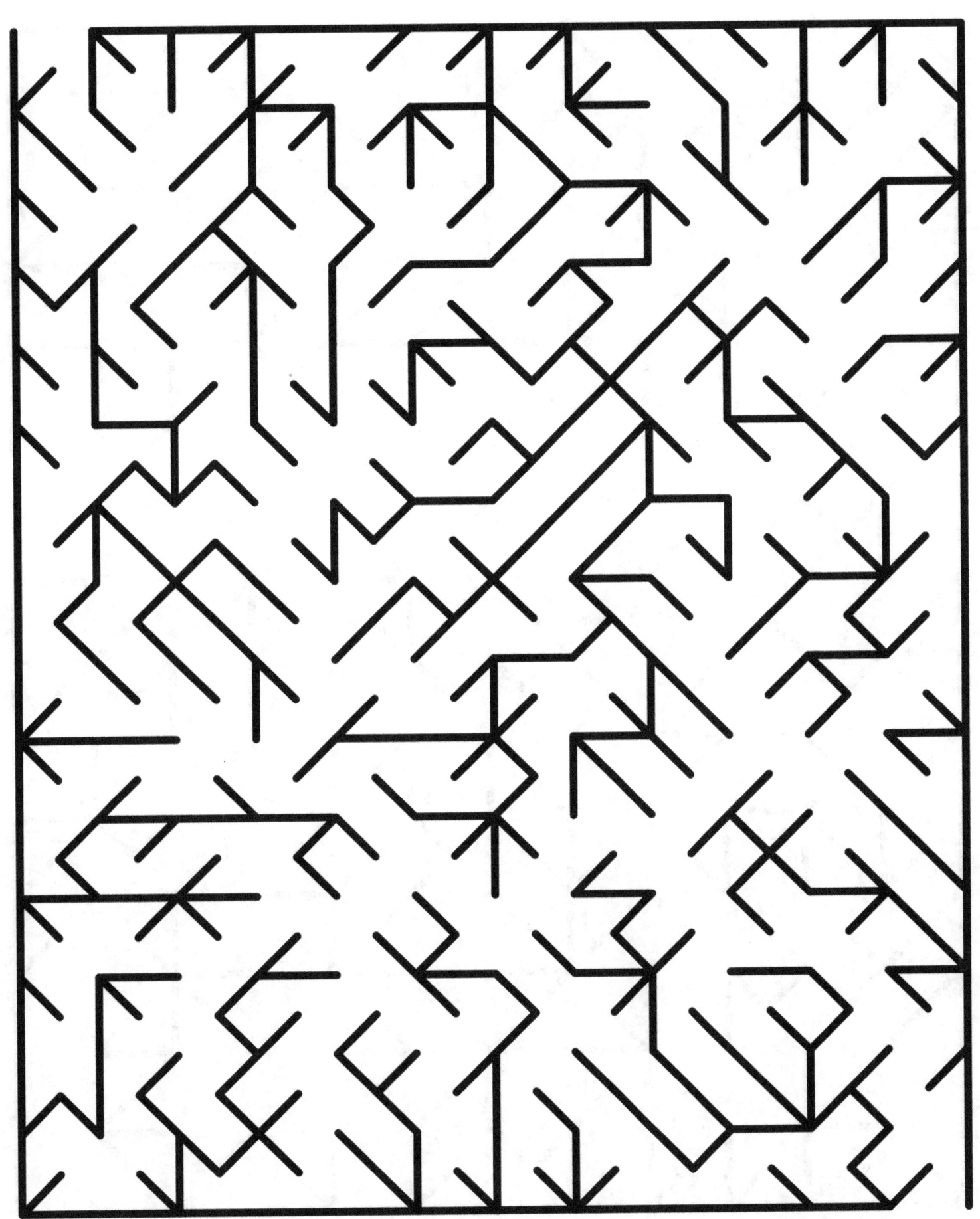

12×15 Marinno qarsoon oo Dhexdhexaad ah oo Afar-gees iyo Saddex-gees ah

20×24 Marinno qarsoon oo Dhexdhexaad ah oo Afar-gees iyo Saddex-gees ah

20×24 Marinno qarsoon oo Adag oo Afar-gees iyo Saddex-gees ah

30×37 Marinno qarsoon oo Adag oo Afar-gees iyo Saddex-gees ah

Xalalka

Bogga 4

Bogga 5

Bogga 6

Bogga 7

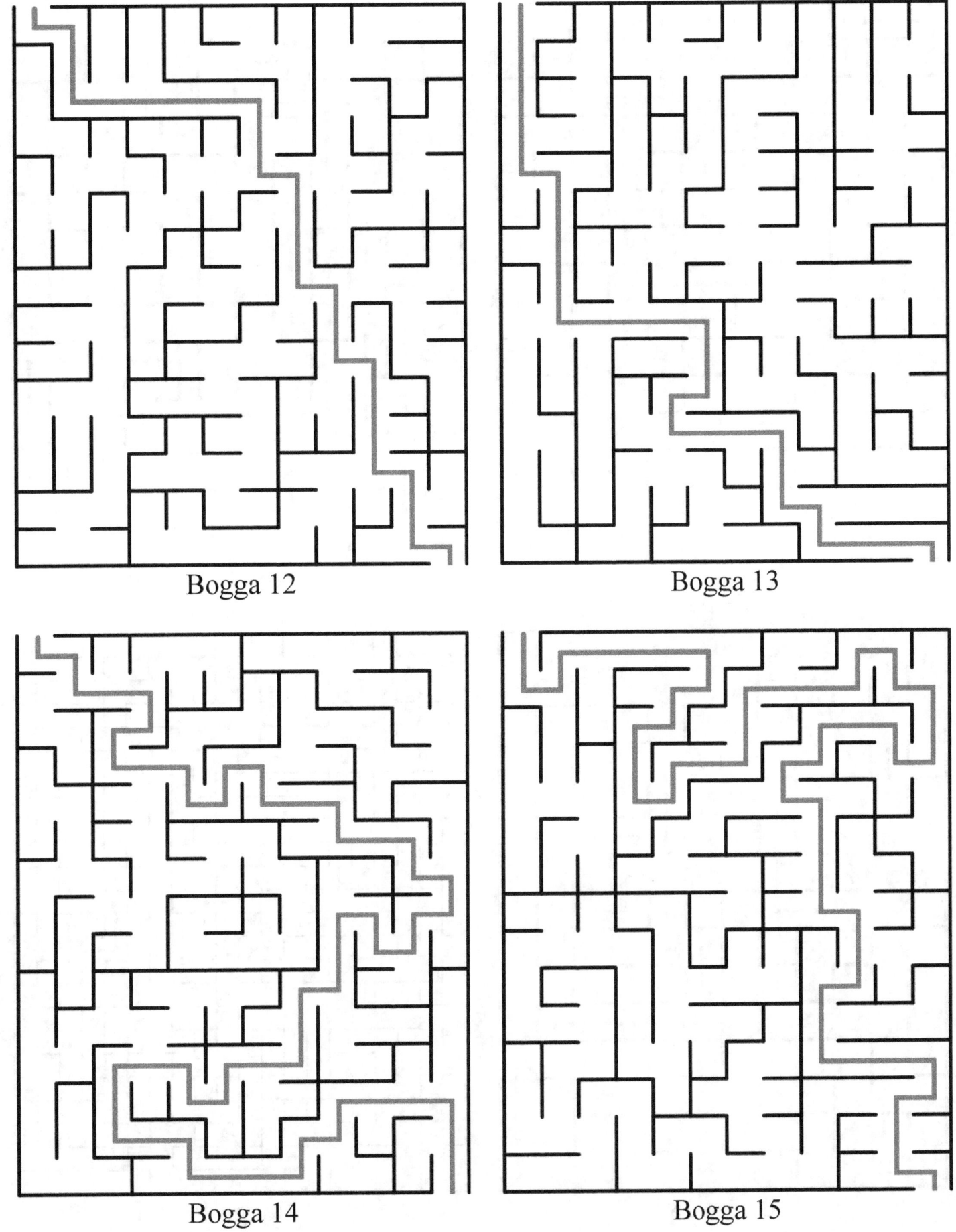

Bogga 12

Bogga 13

Bogga 14

Bogga 15

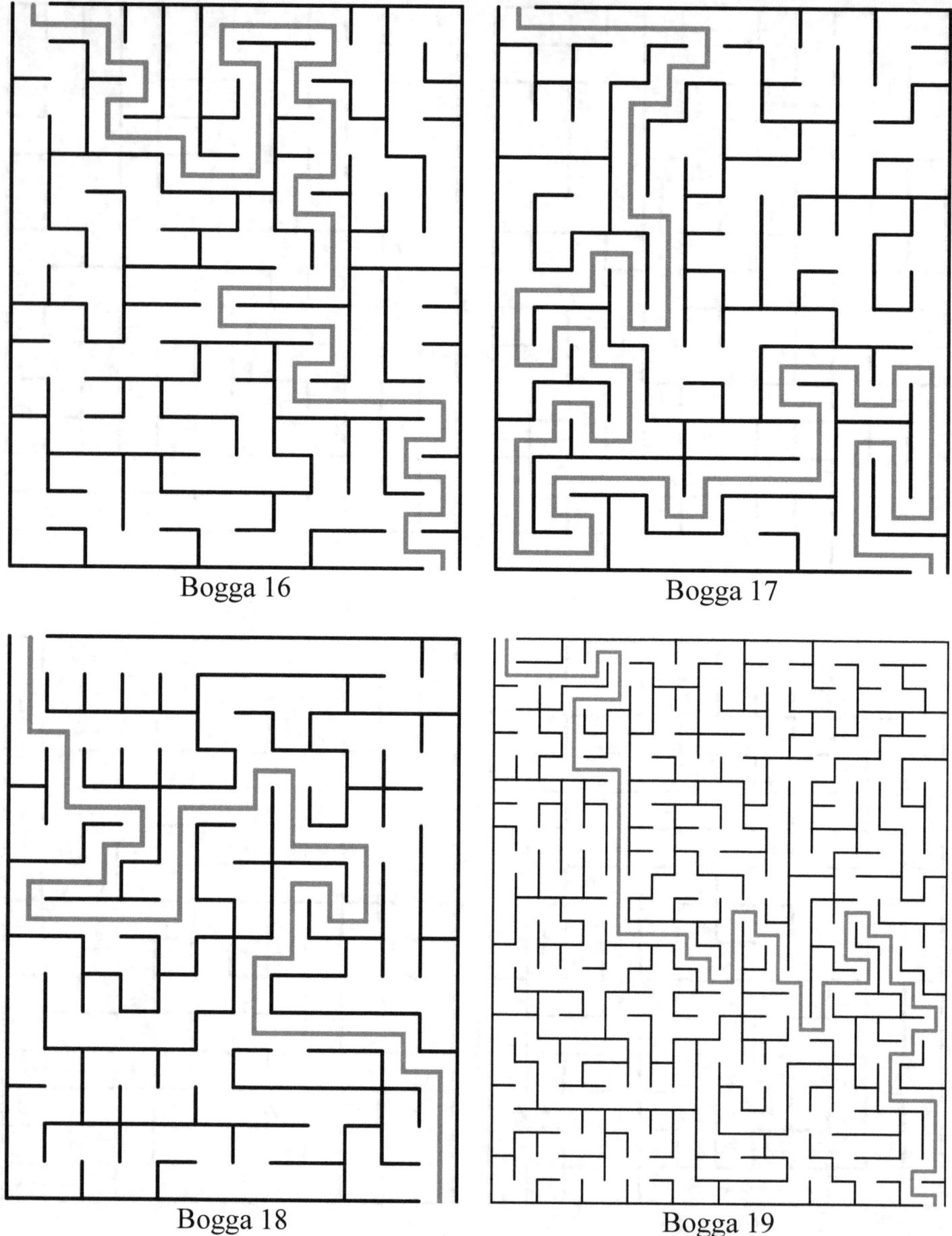

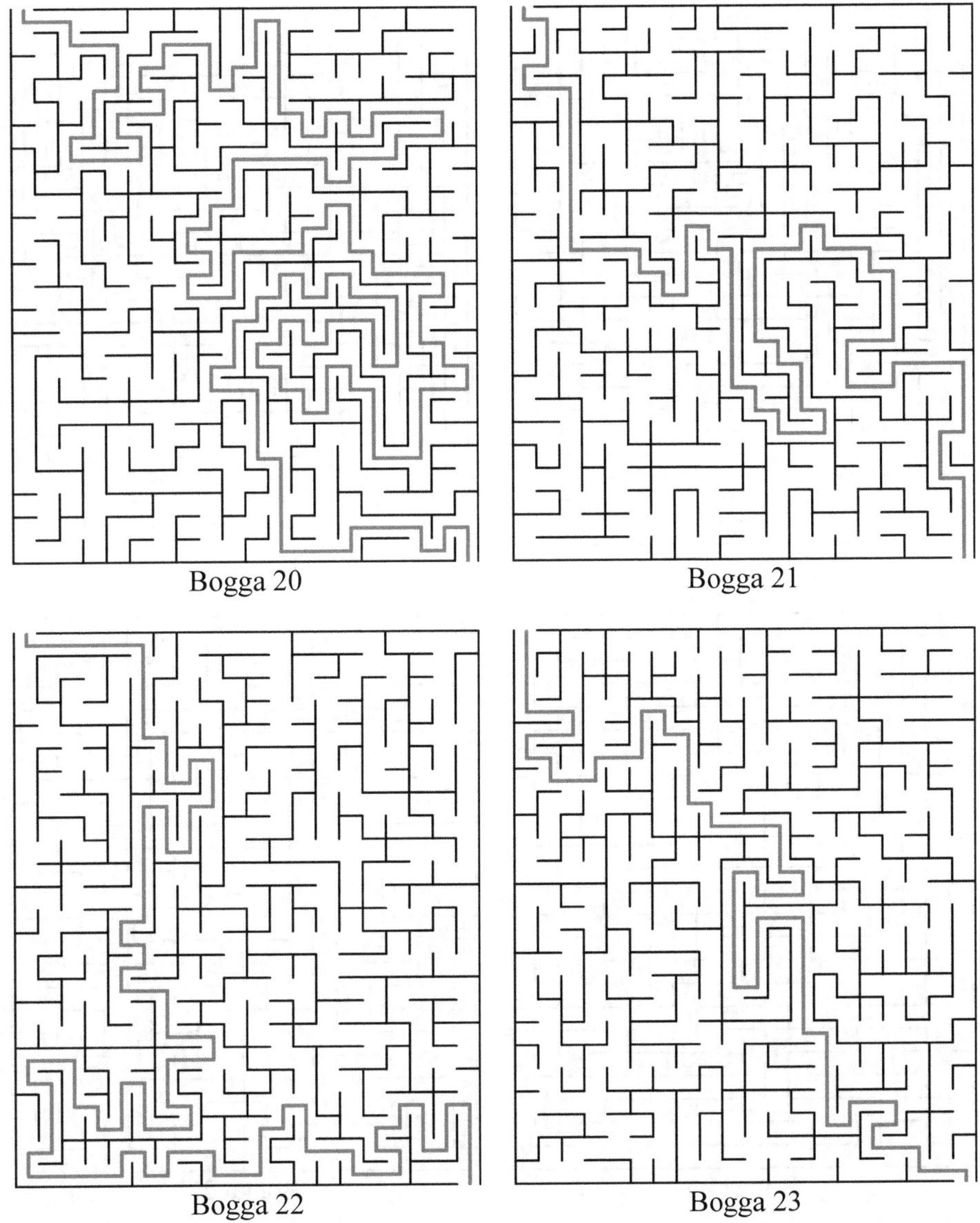

Bogga 20

Bogga 21

Bogga 22

Bogga 23

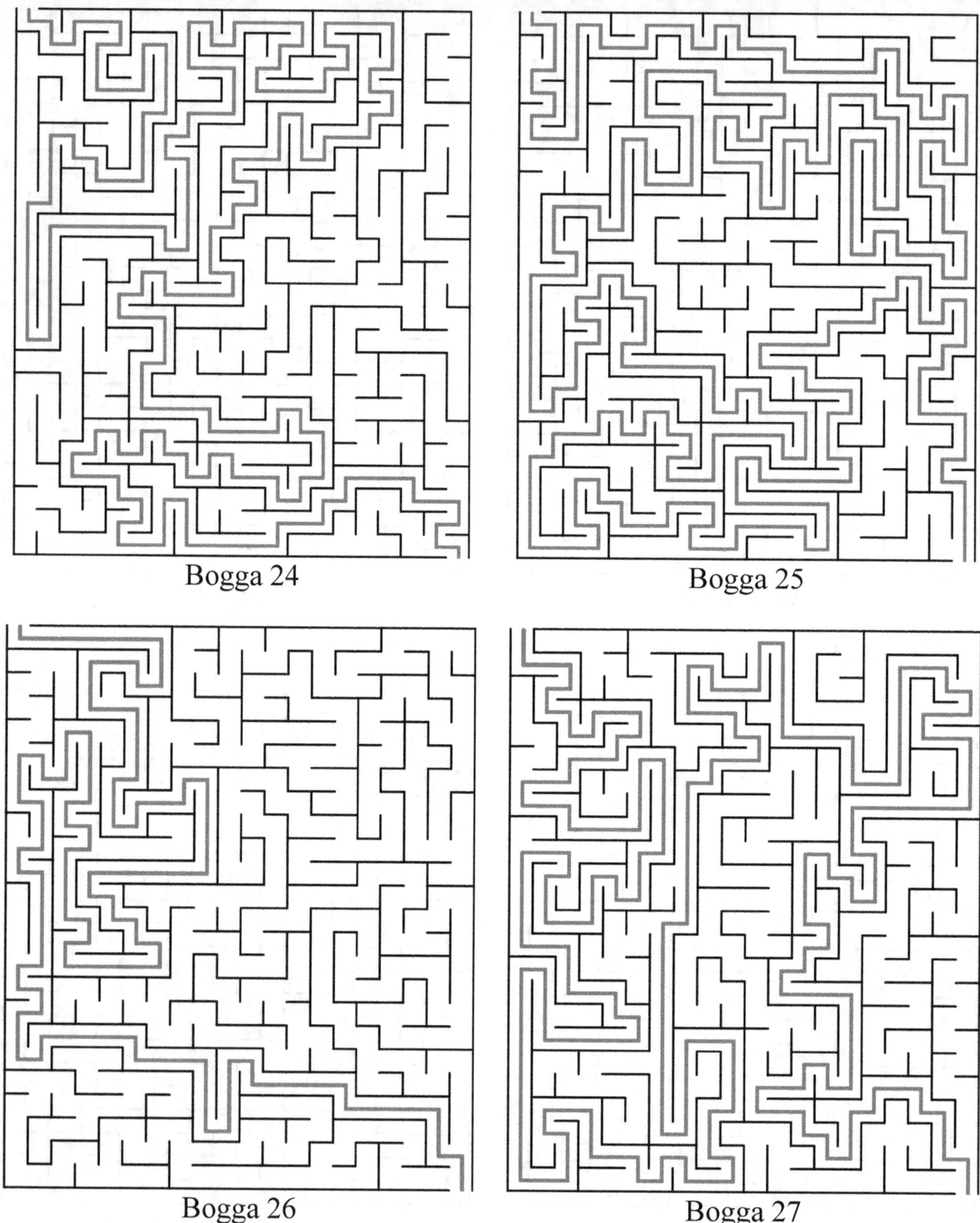

Bogga 24

Bogga 25

Bogga 26

Bogga 27

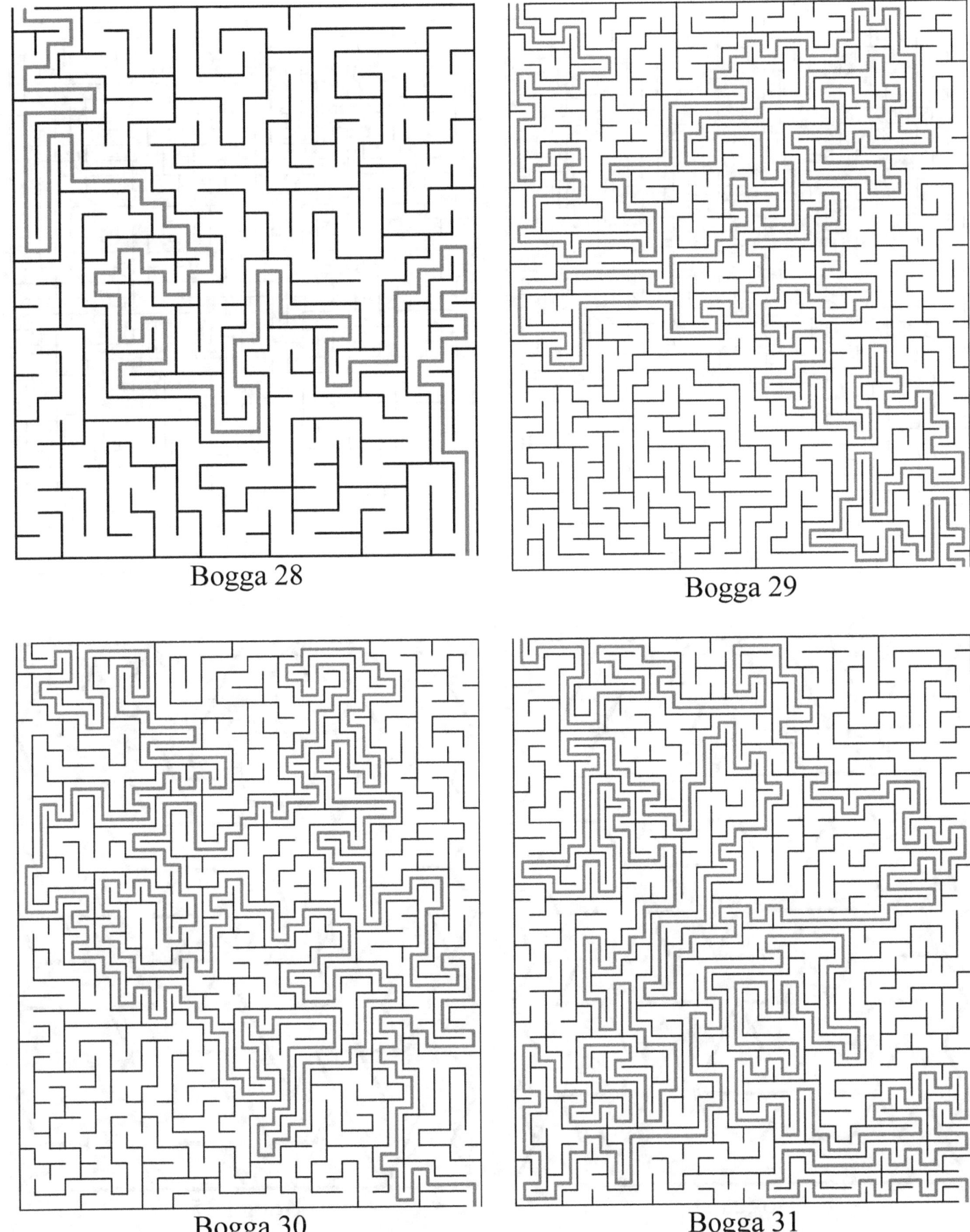

Bogga 48

Bogga 49

Bogga 50

Bogga 51

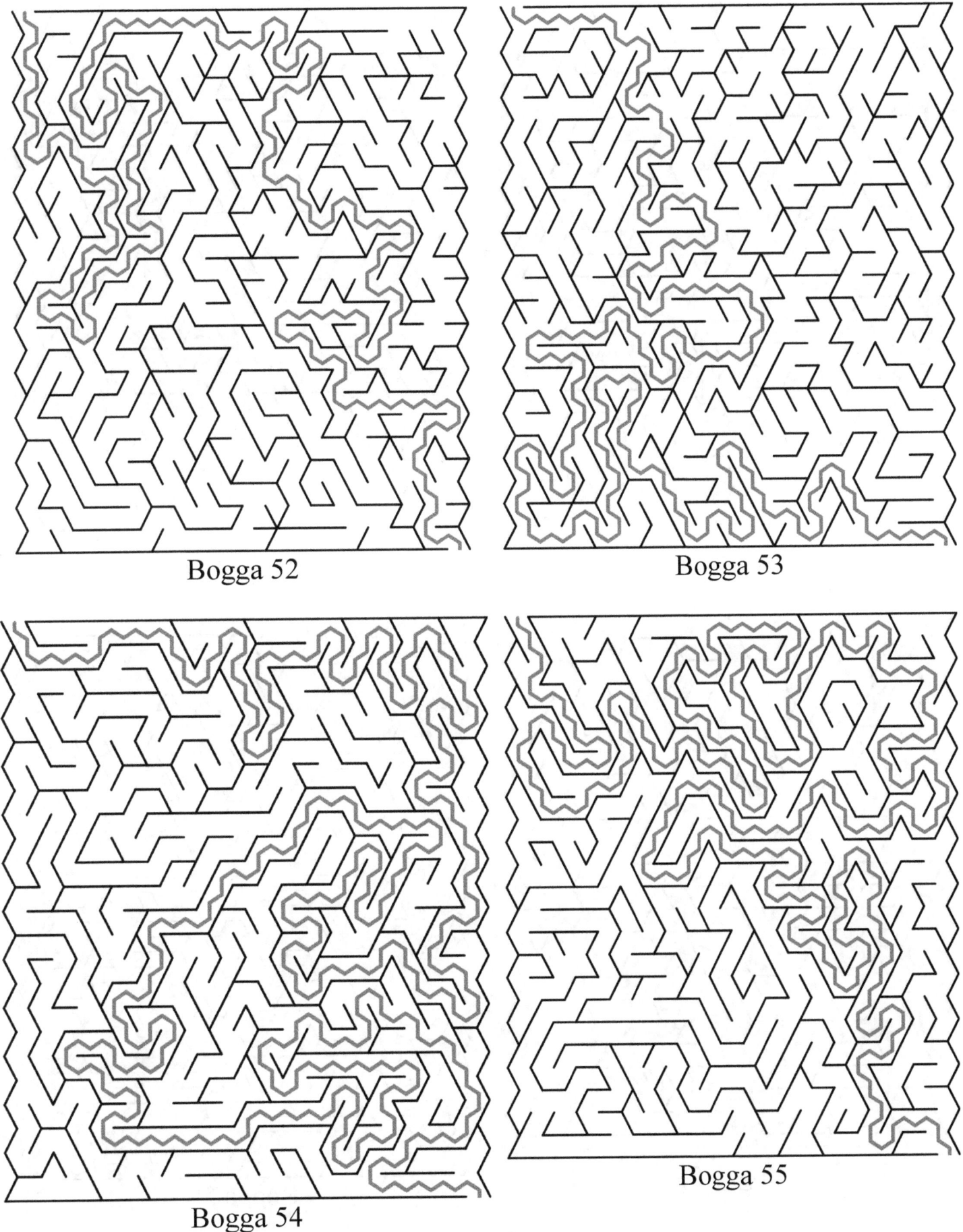

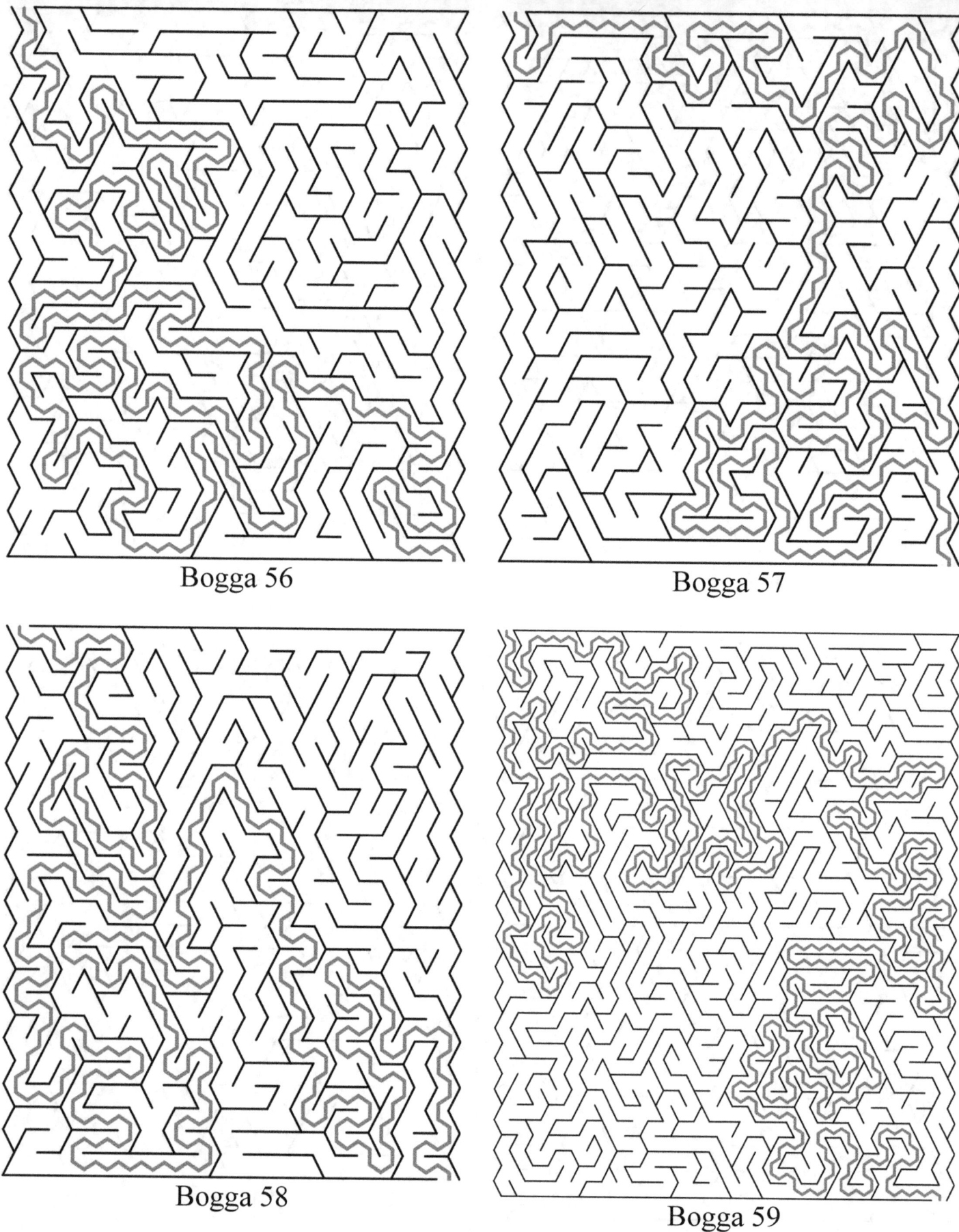

Bogga 56

Bogga 57

Bogga 58

Bogga 59

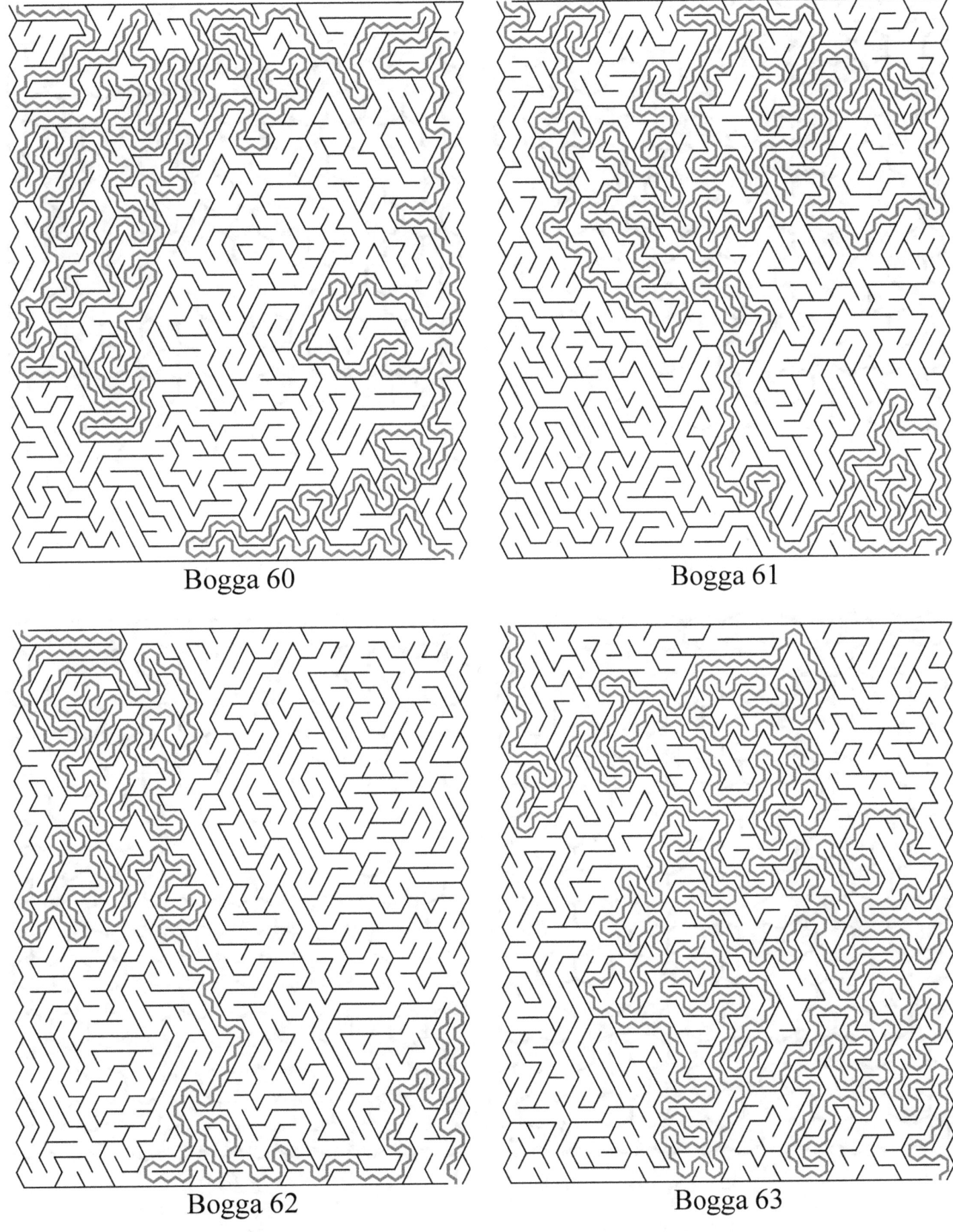

Bogga 60

Bogga 61

Bogga 62

Bogga 63

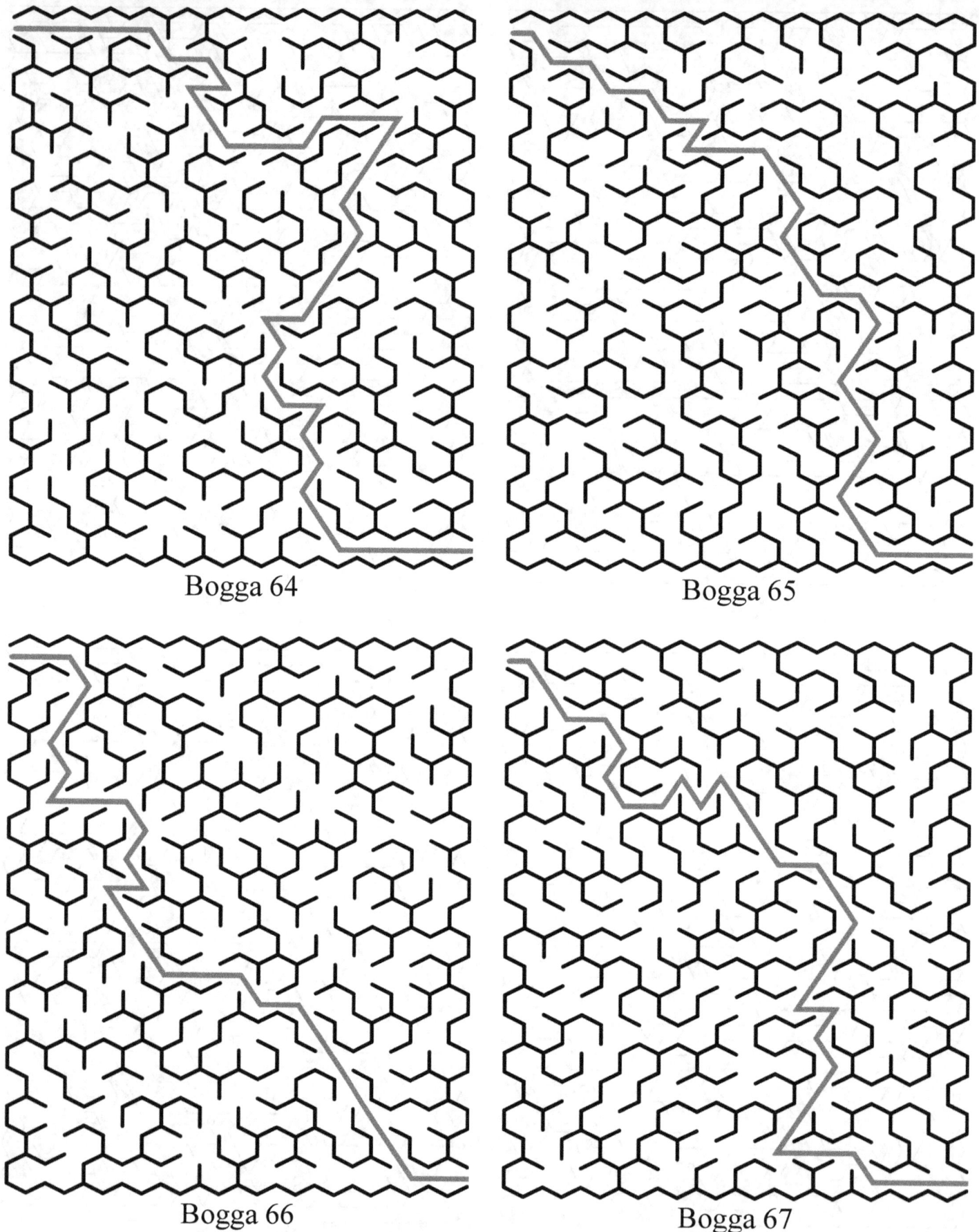

Bogga 64

Bogga 65

Bogga 66

Bogga 67

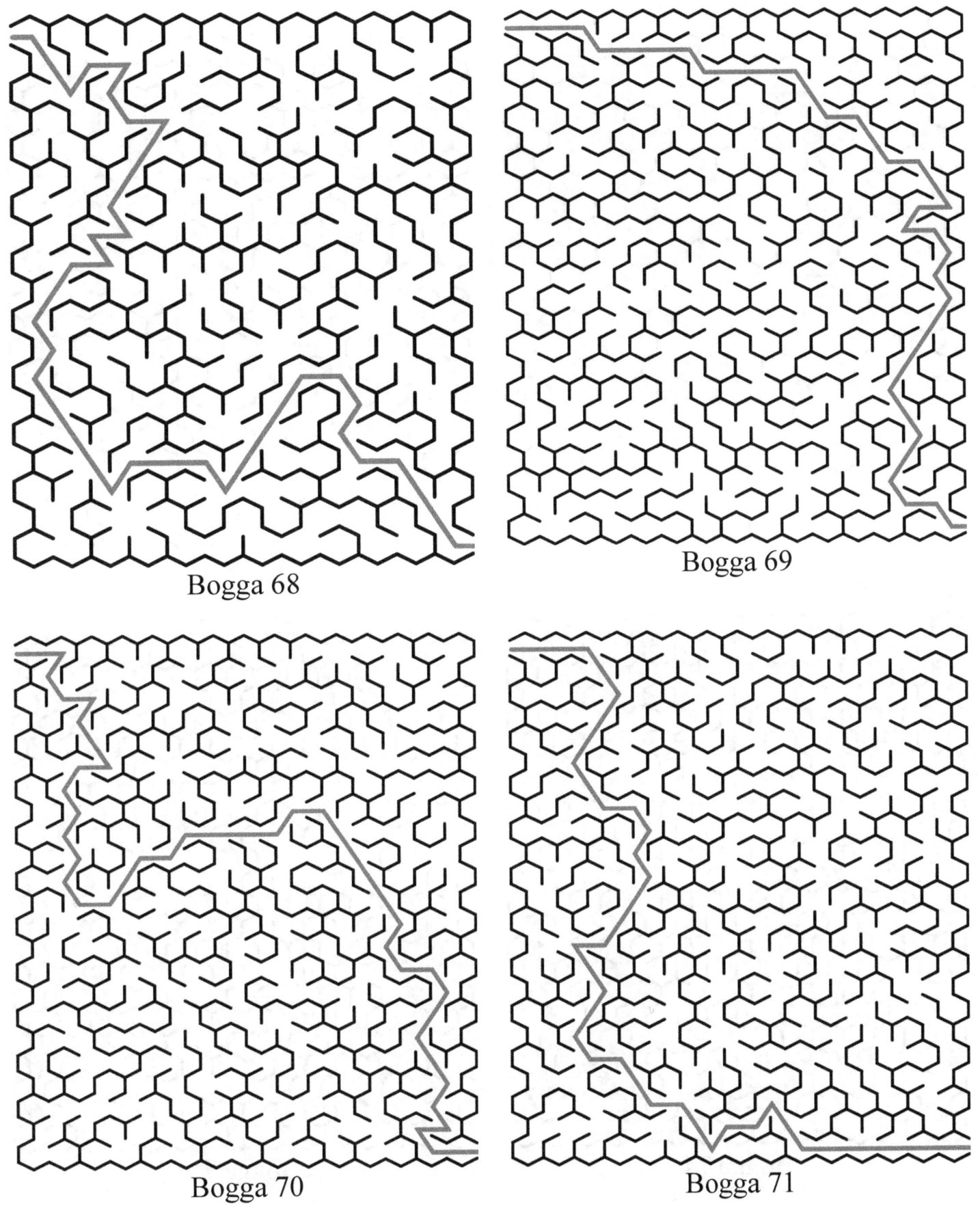

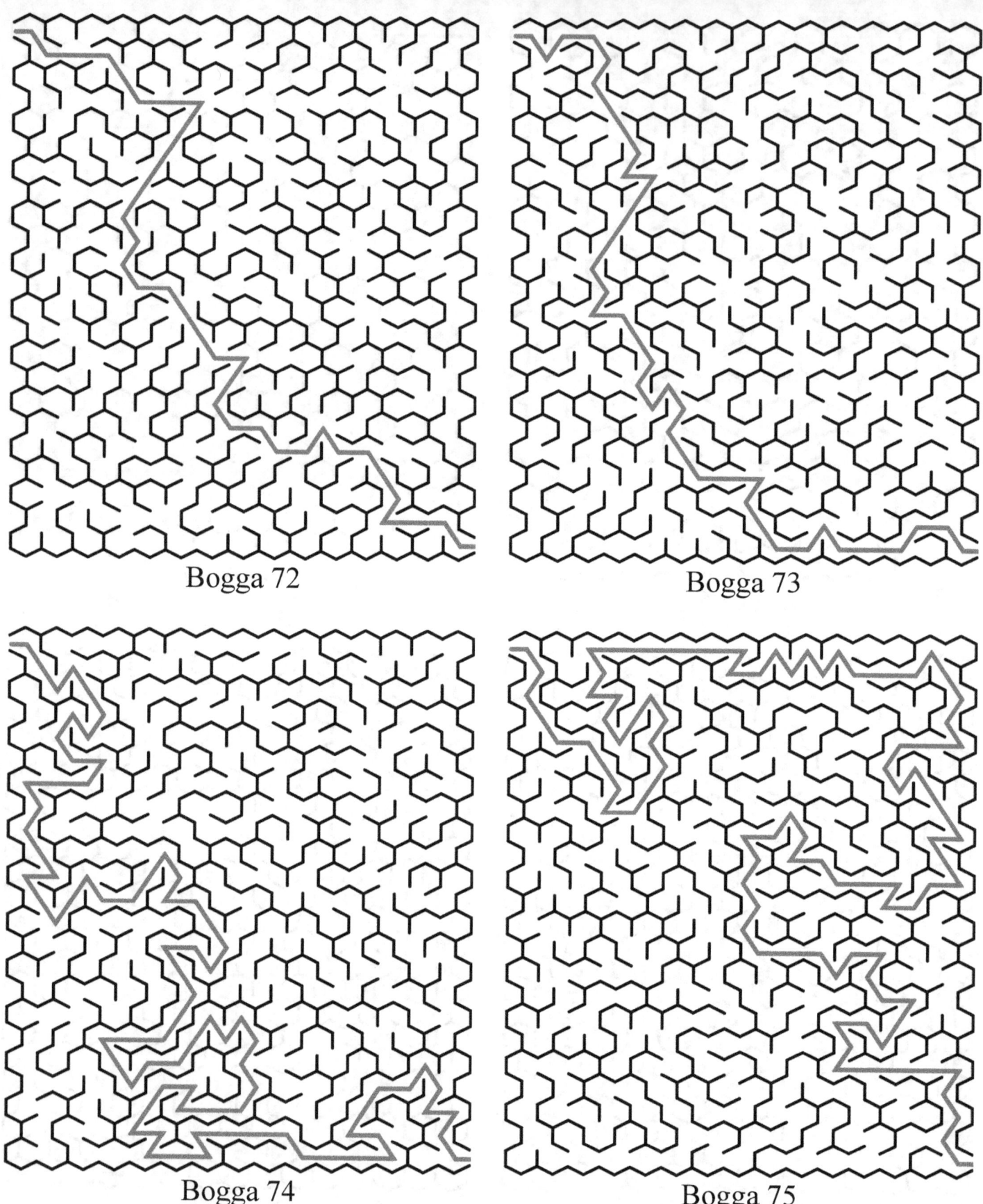

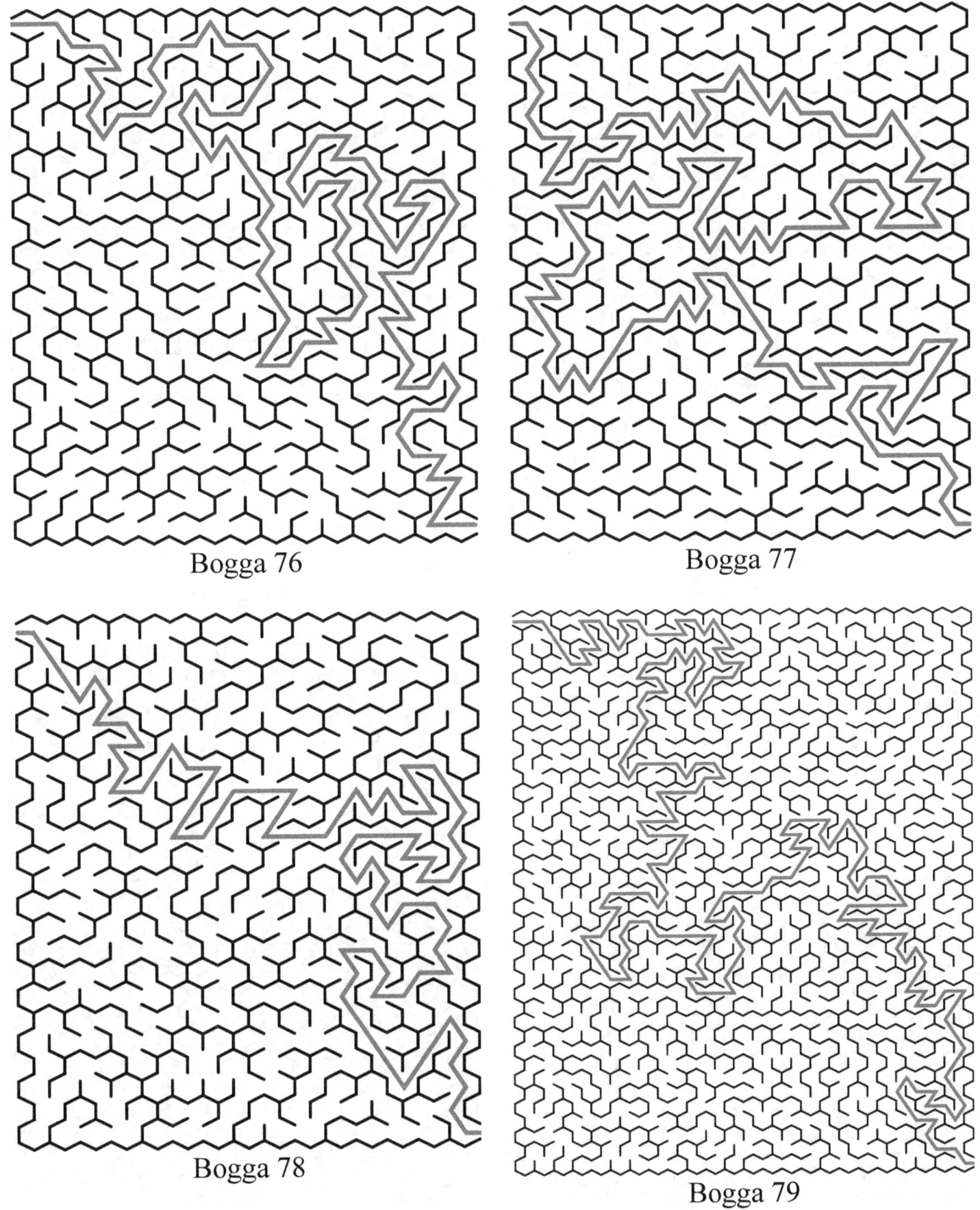

Bogga 76

Bogga 77

Bogga 78

Bogga 79

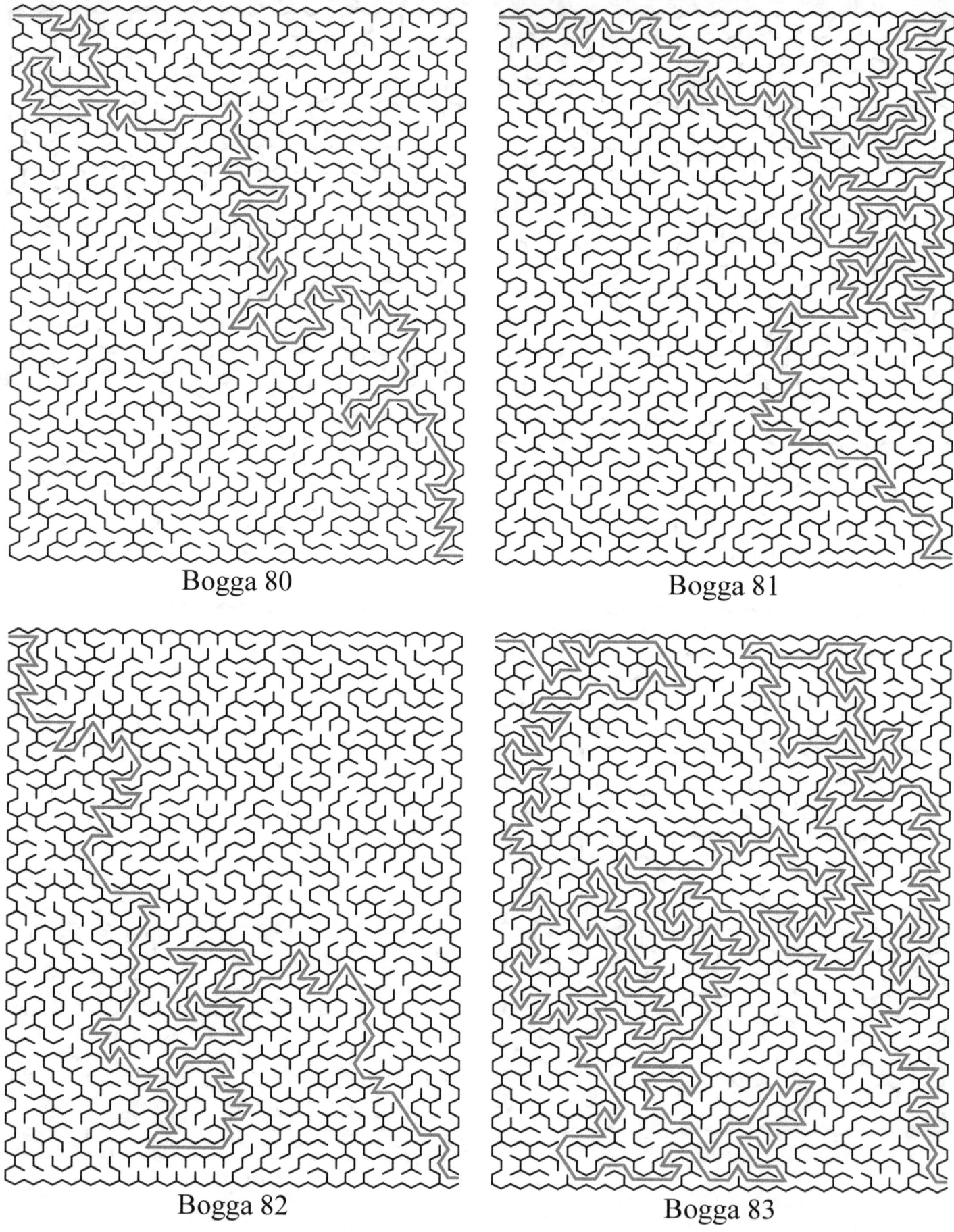

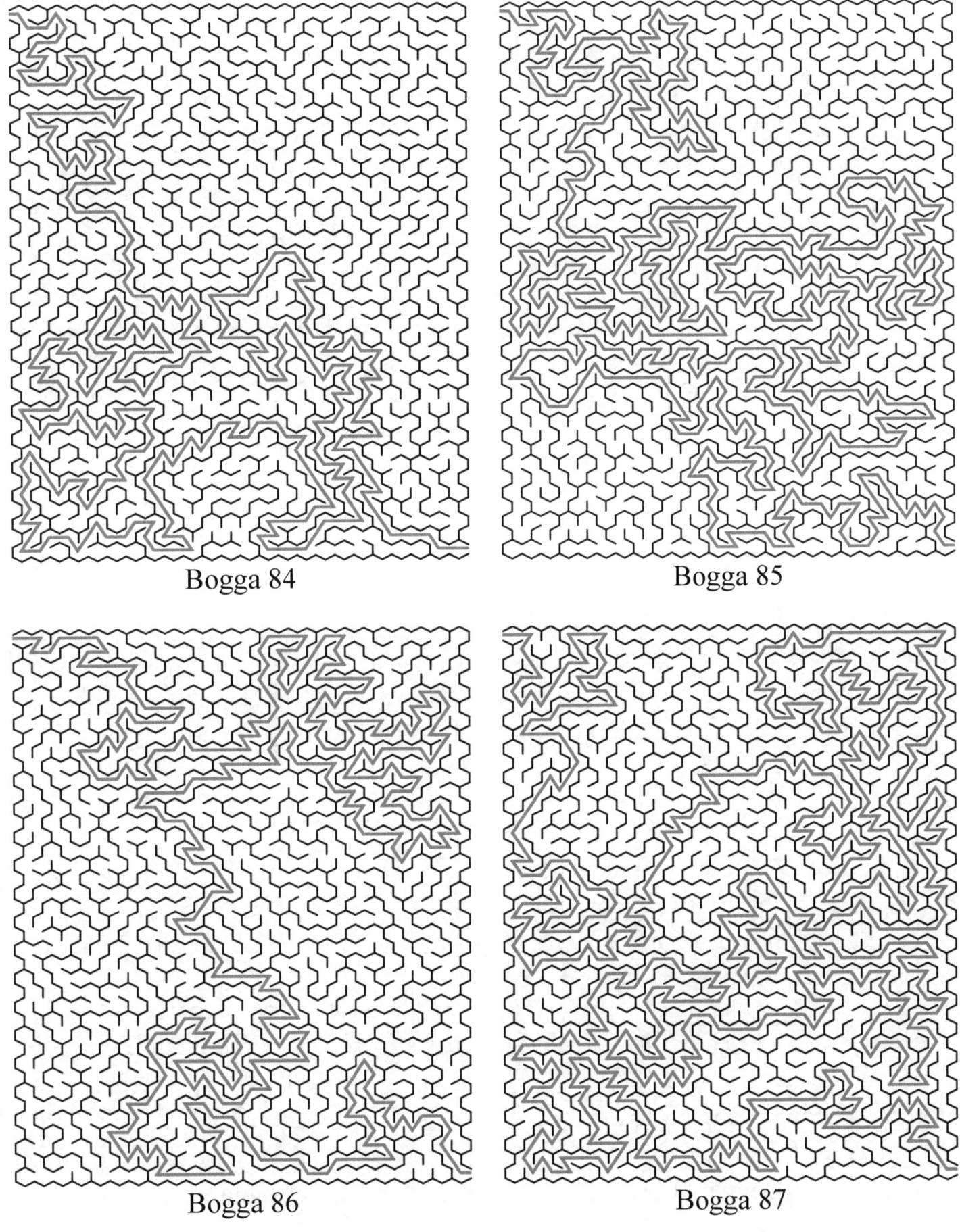

Bogga 84

Bogga 85

Bogga 86

Bogga 87

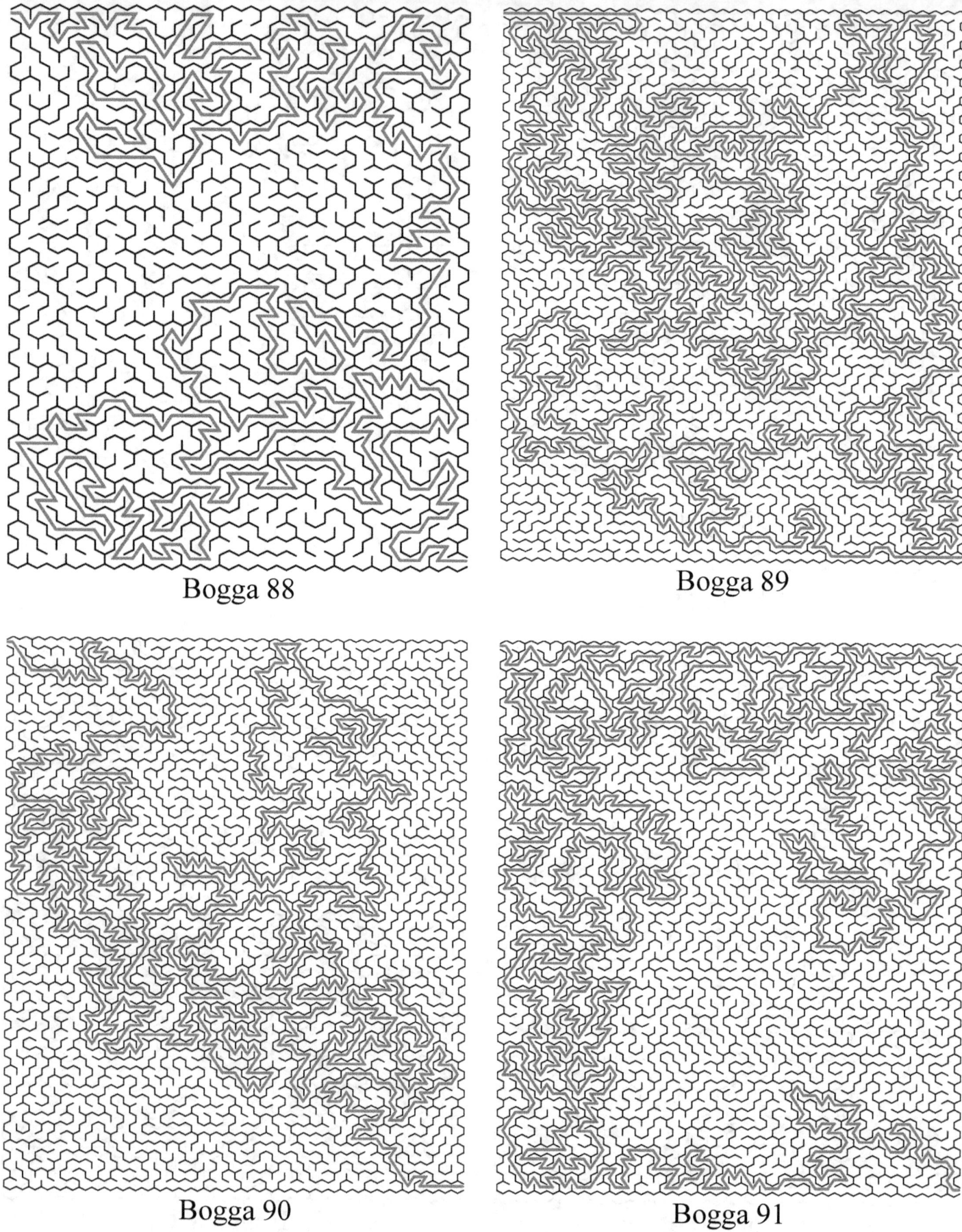

Bogga 88
Bogga 89
Bogga 90
Bogga 91

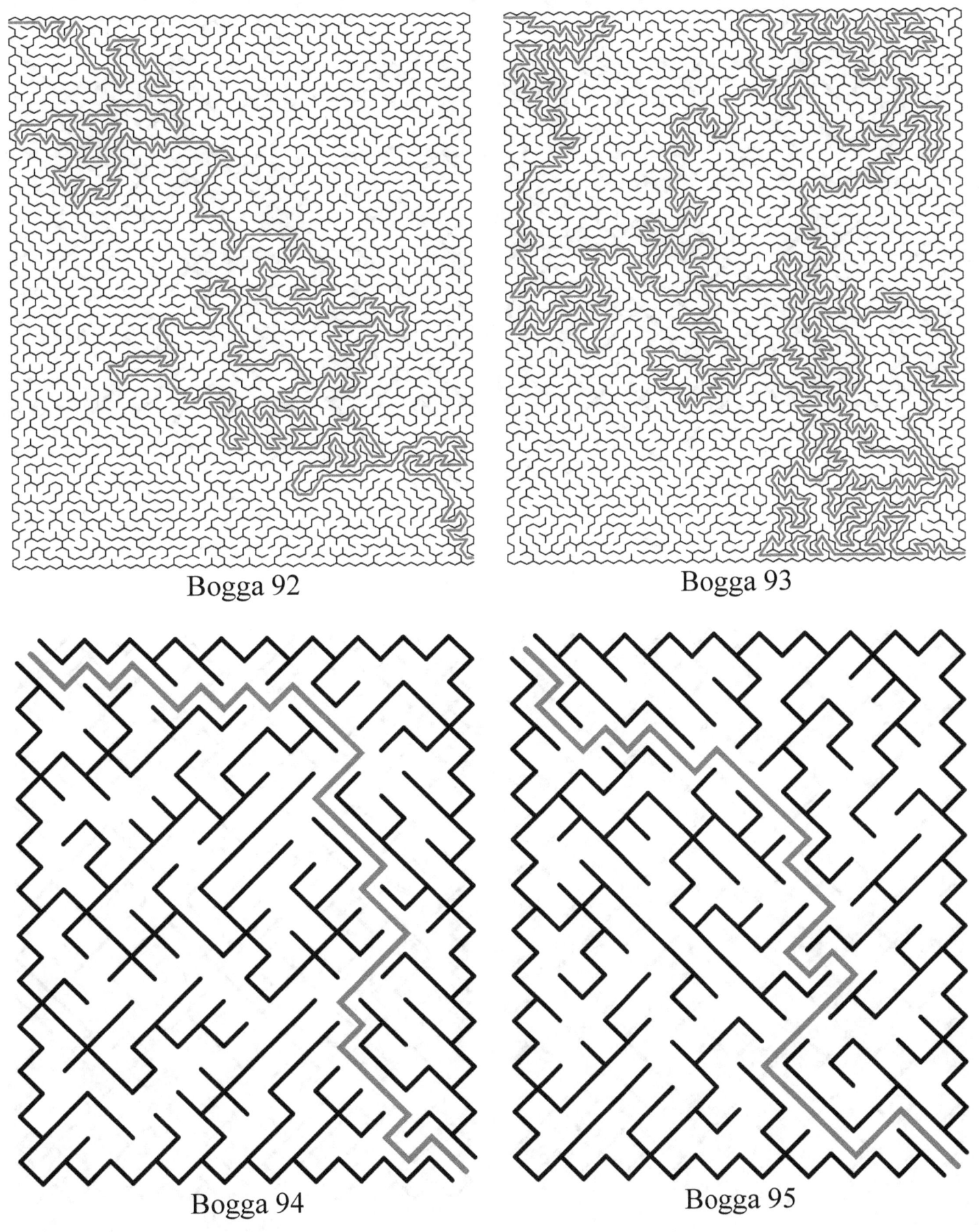

Bogga 92

Bogga 93

Bogga 94

Bogga 95

Bogga 100

Bogga 101

Bogga 102

Bogga 103

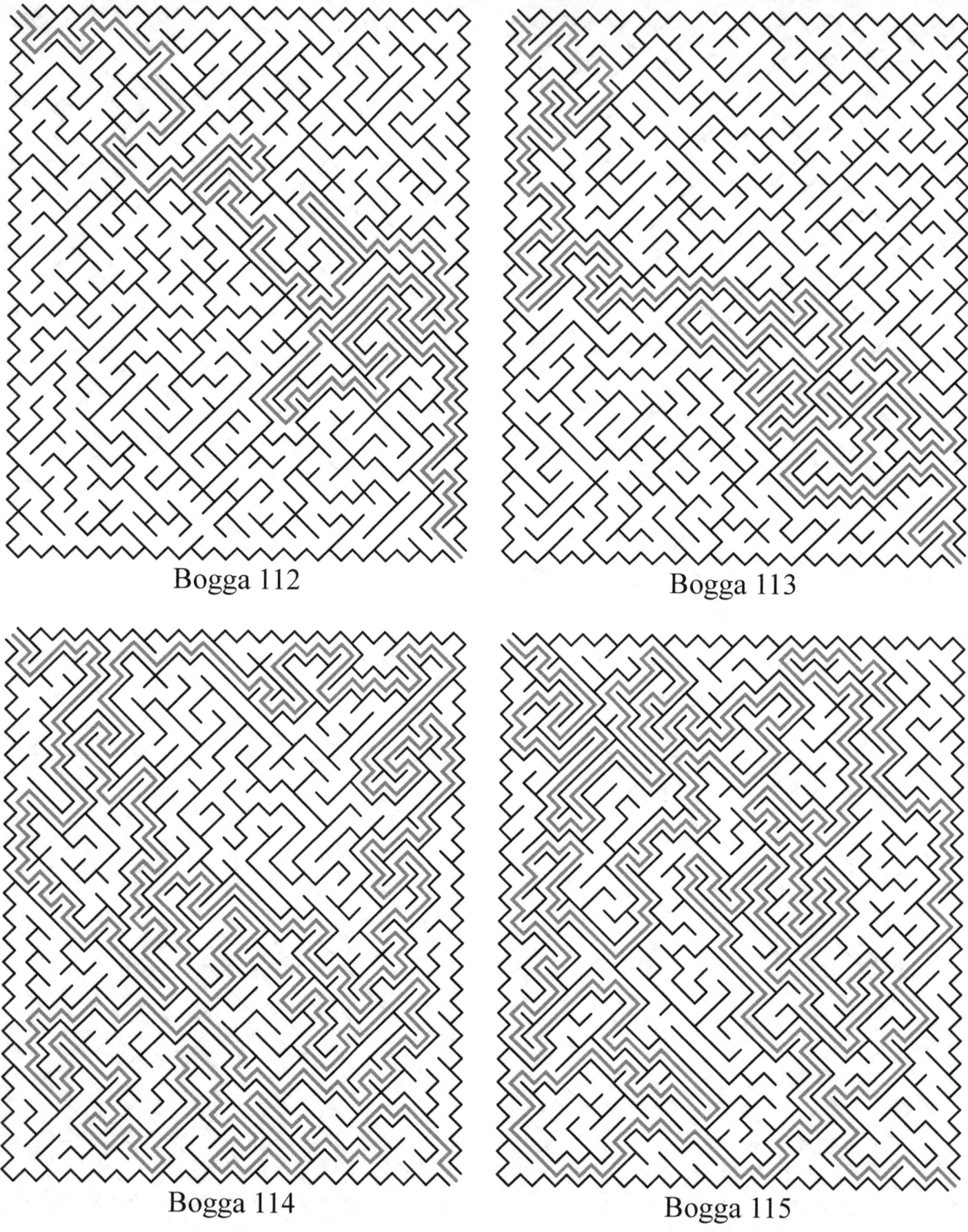

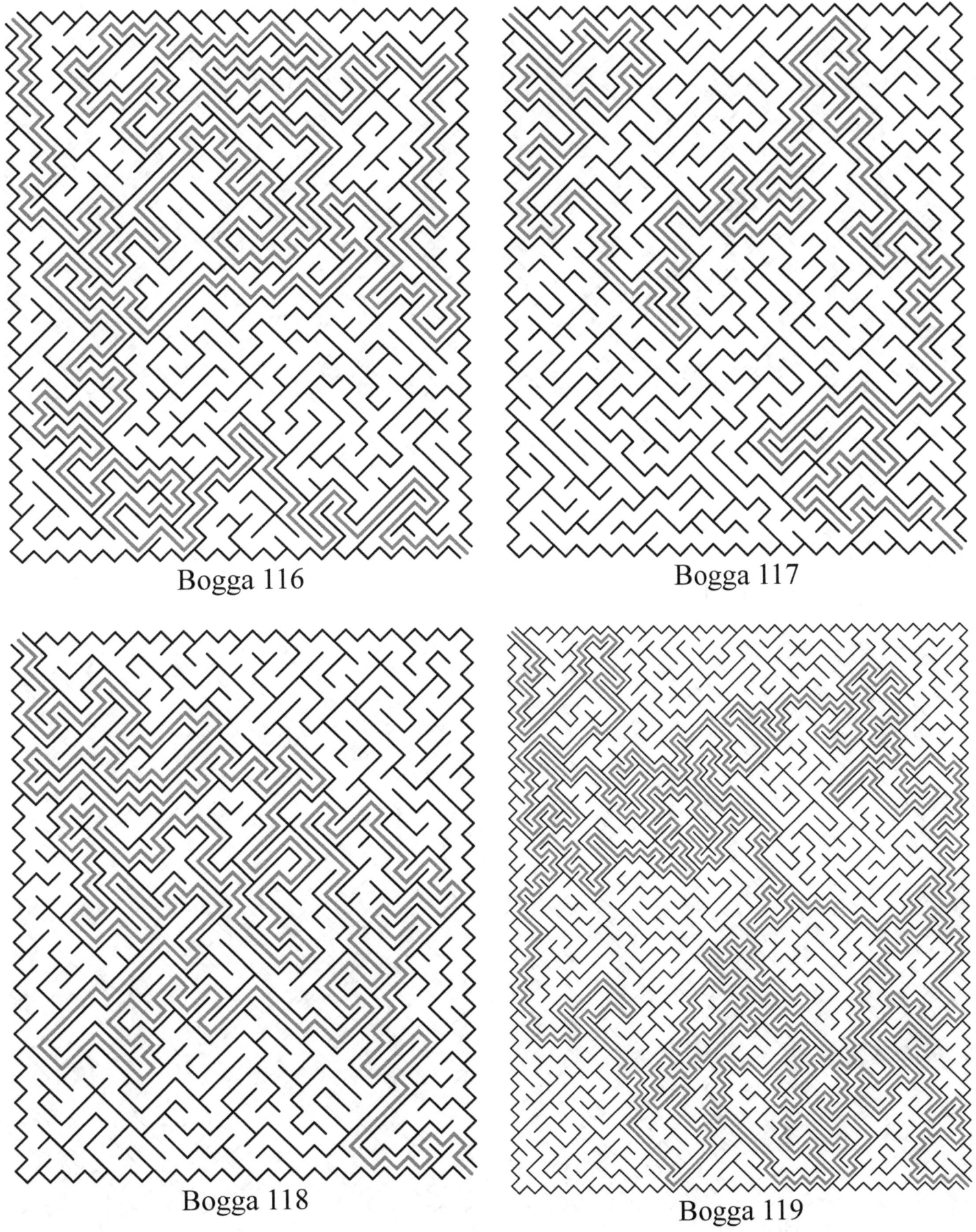

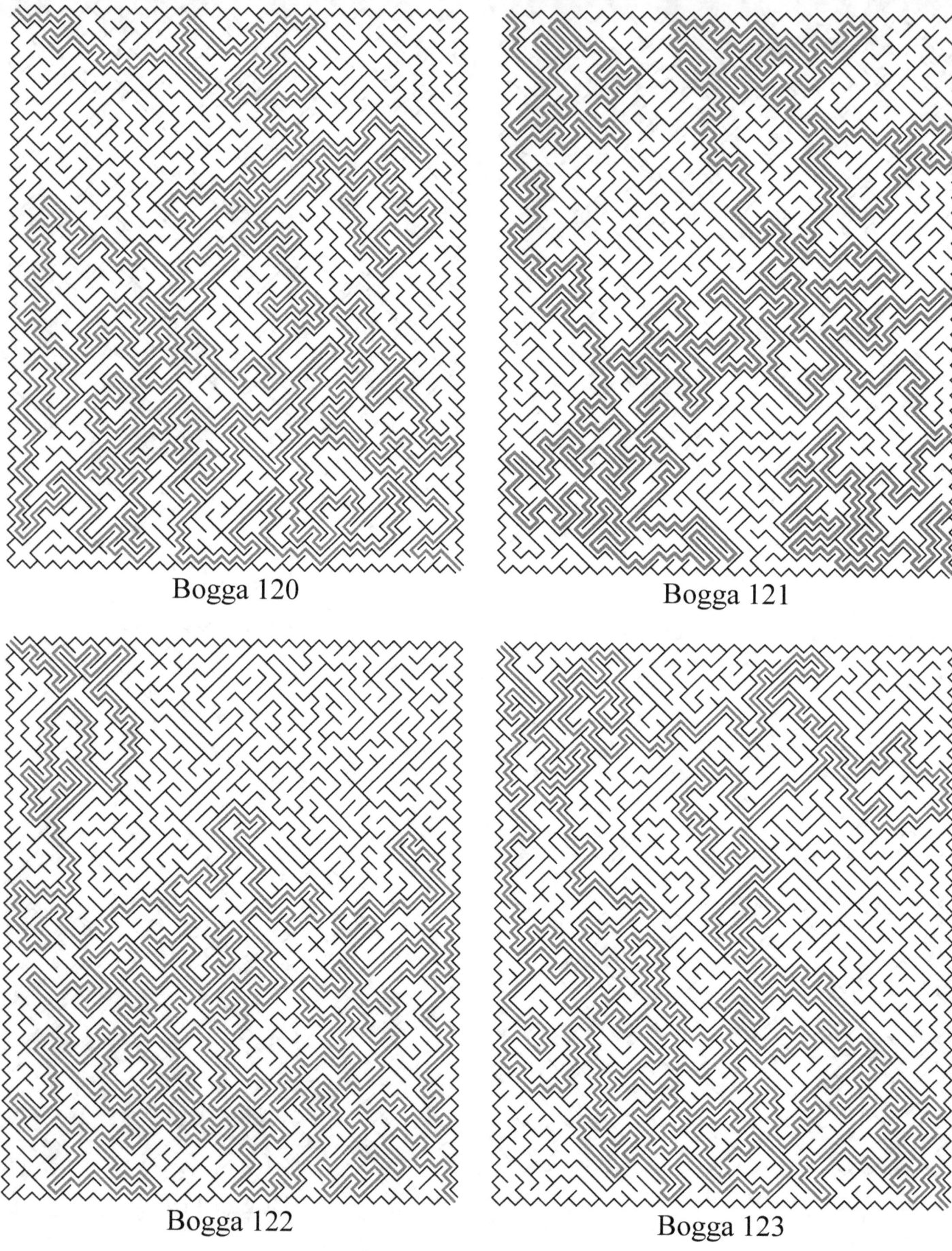

Bogga 120

Bogga 121

Bogga 122

Bogga 123

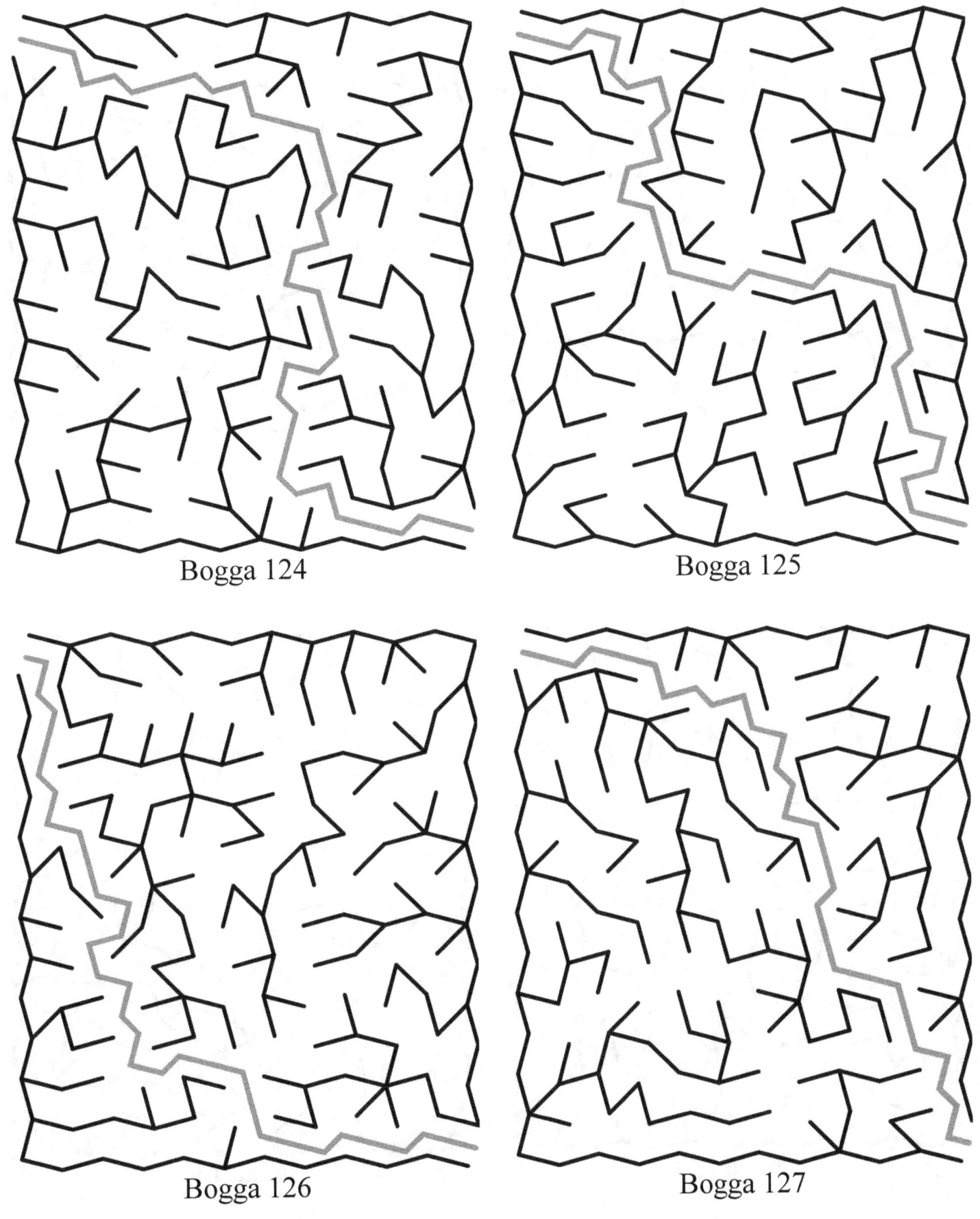

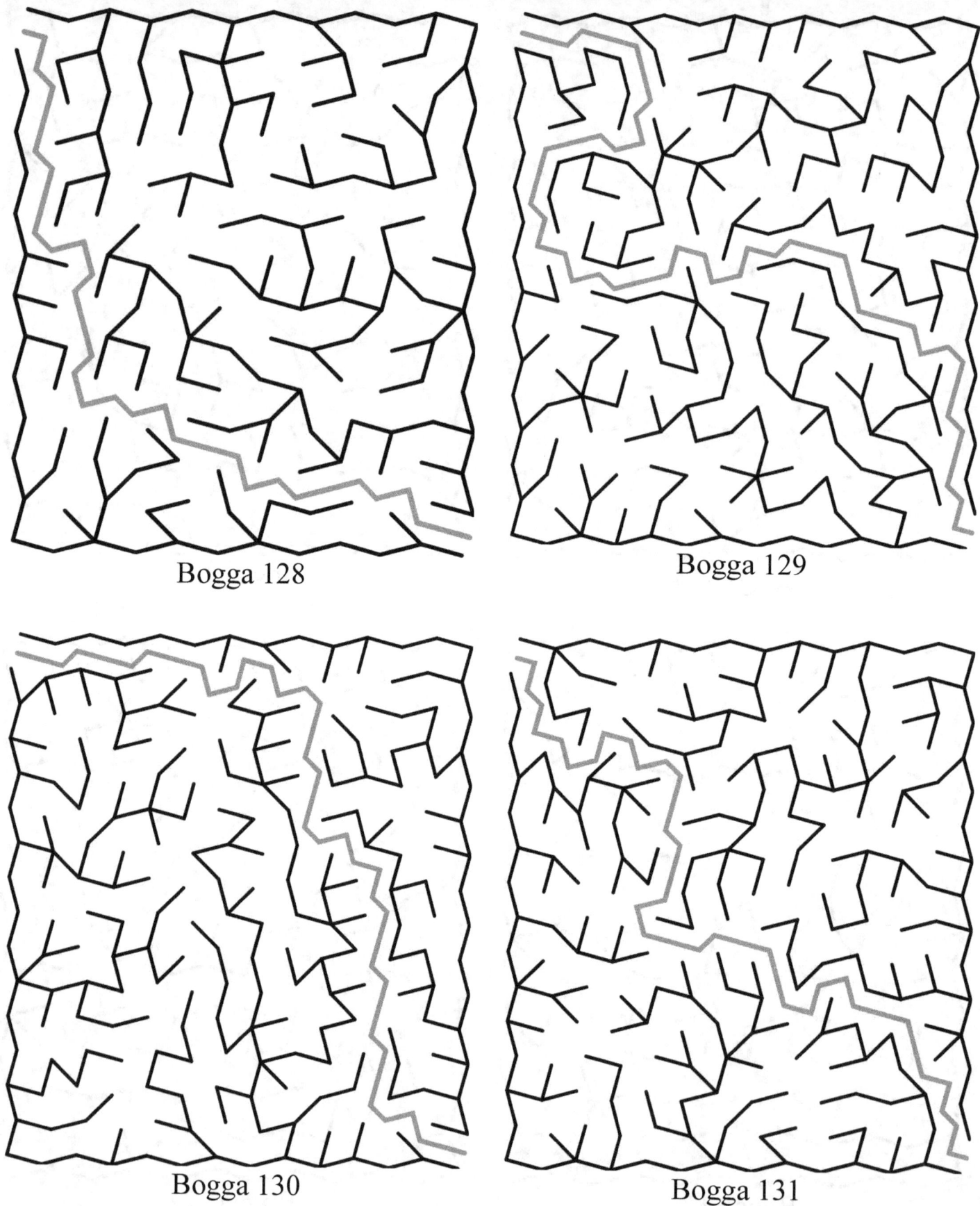

Bogga 128

Bogga 129

Bogga 130

Bogga 131

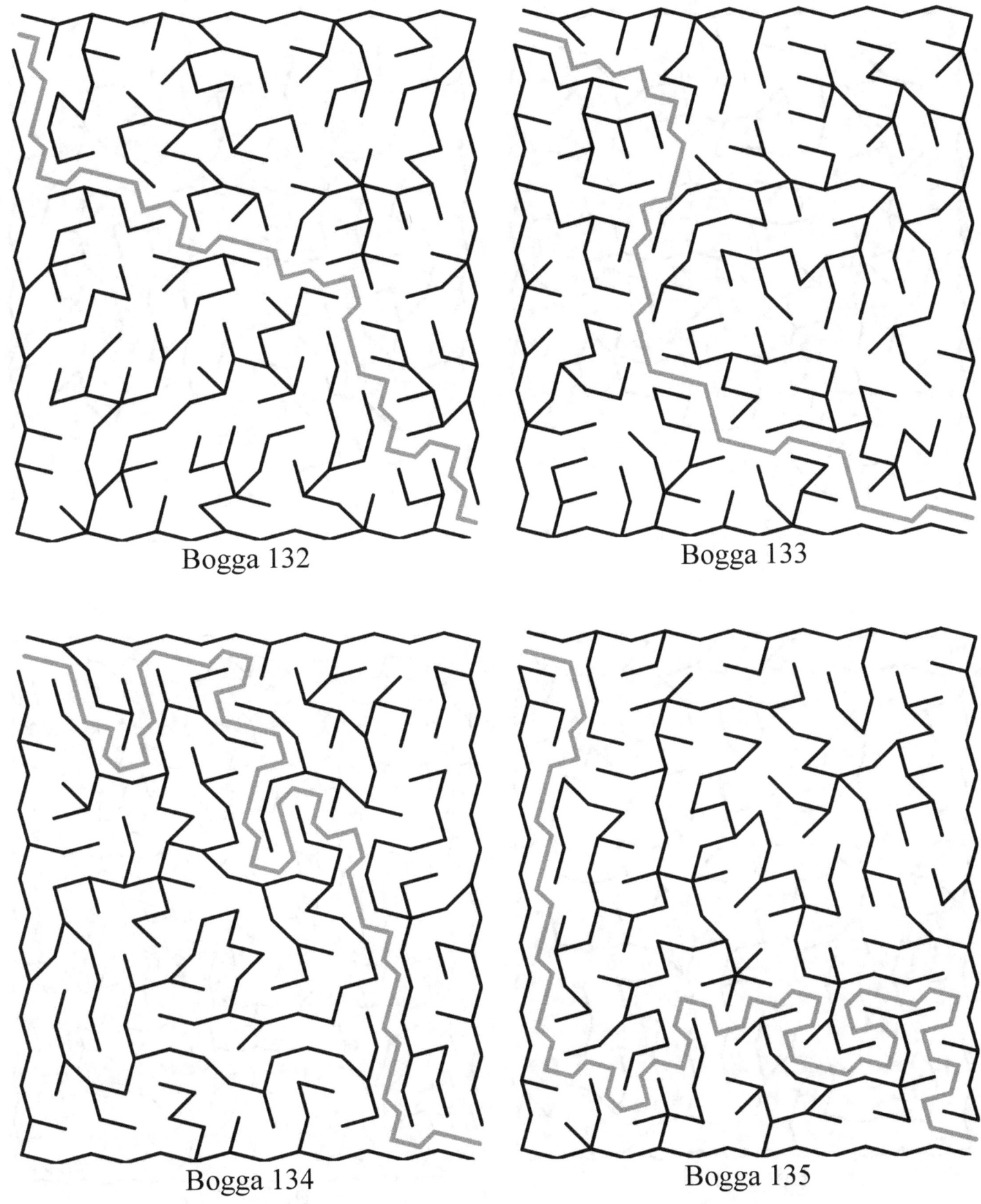

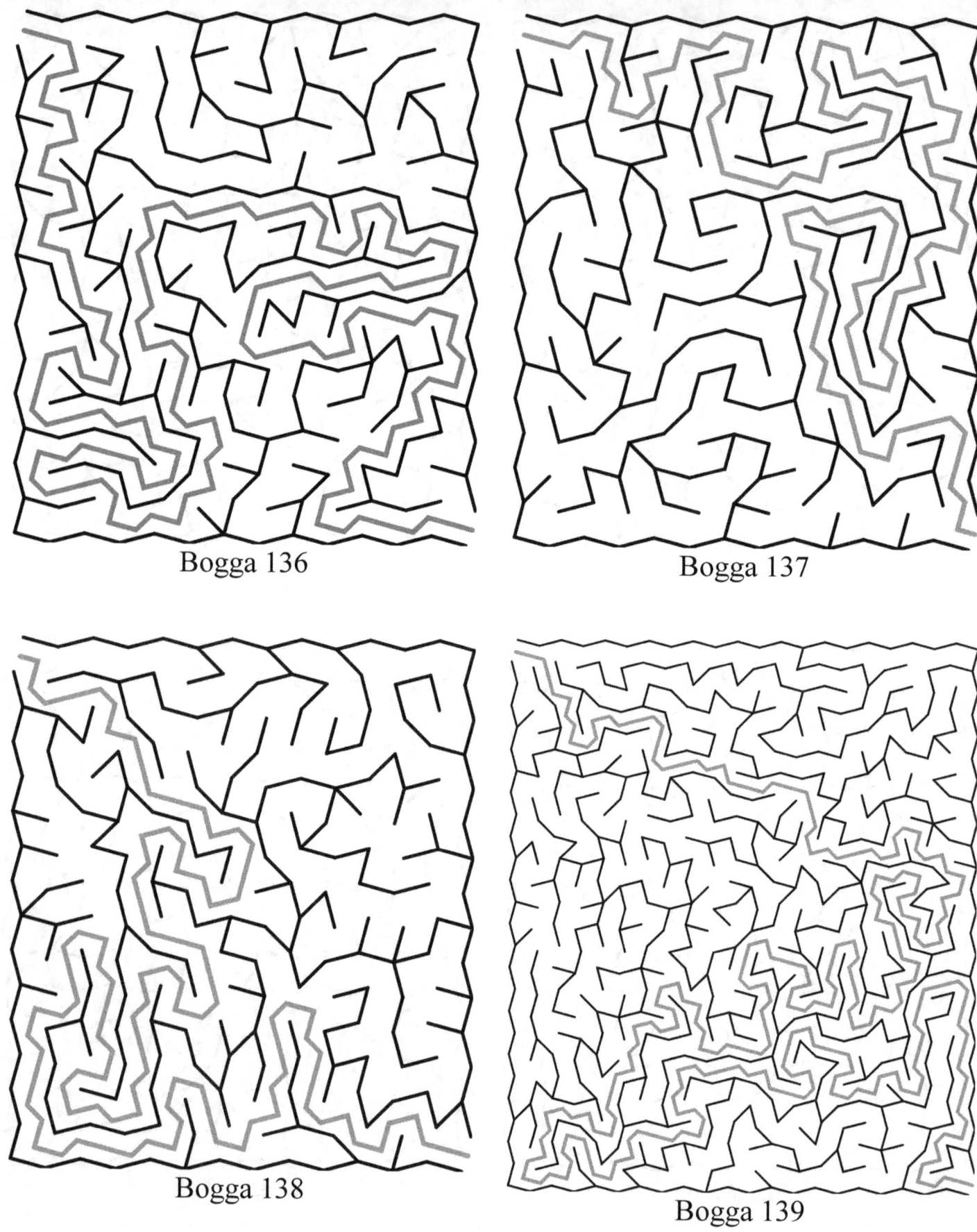

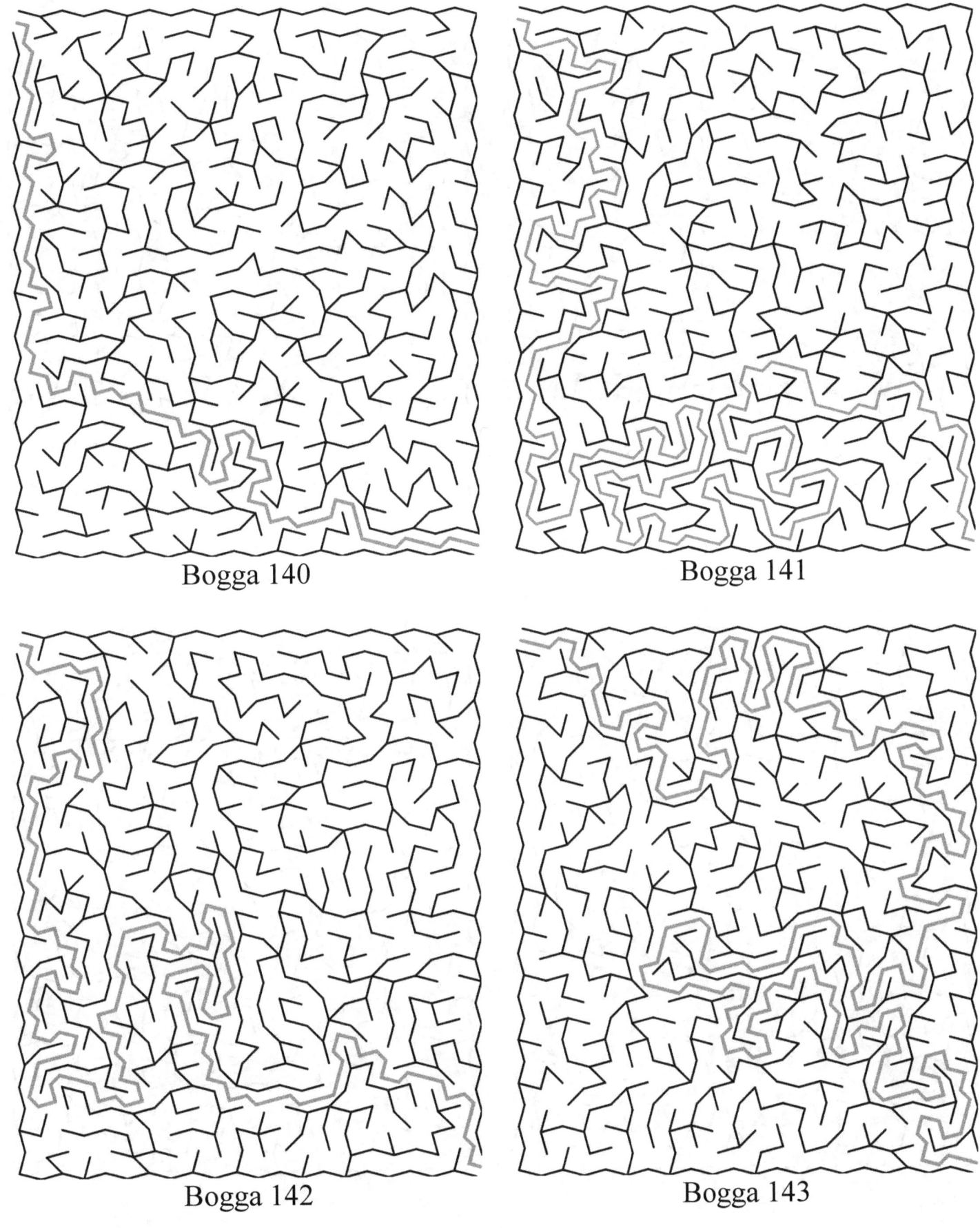

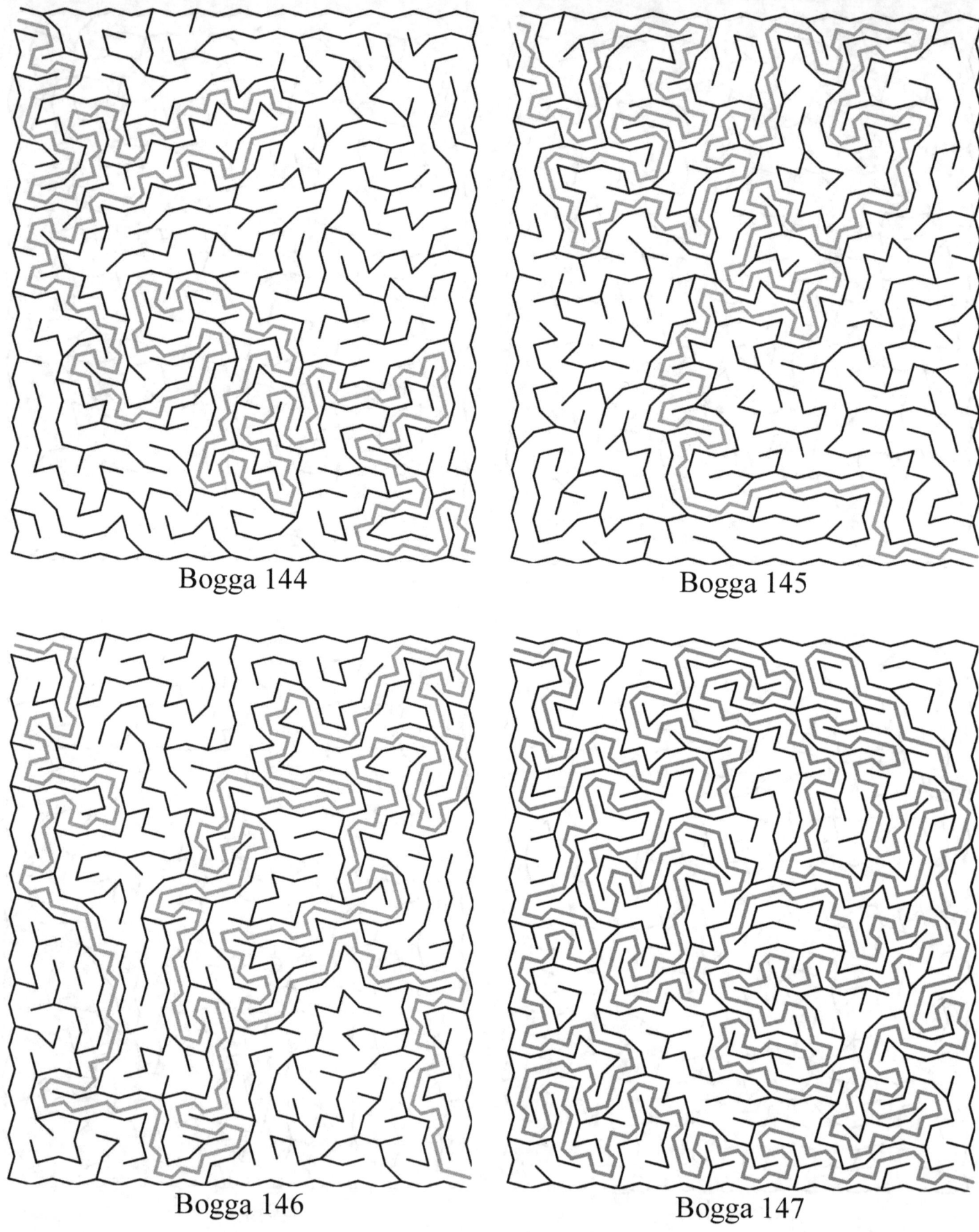

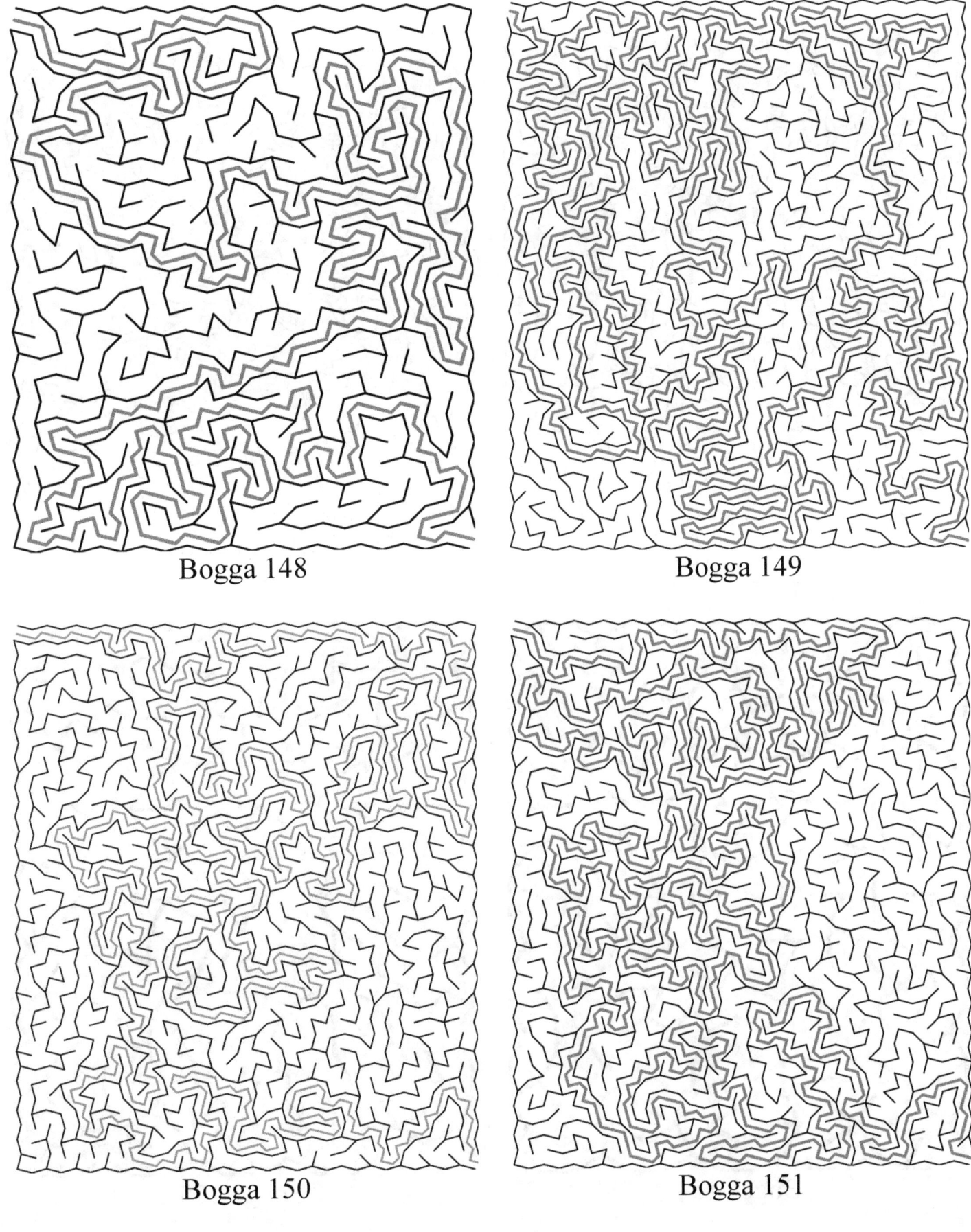

Bogga 148

Bogga 149

Bogga 150

Bogga 151

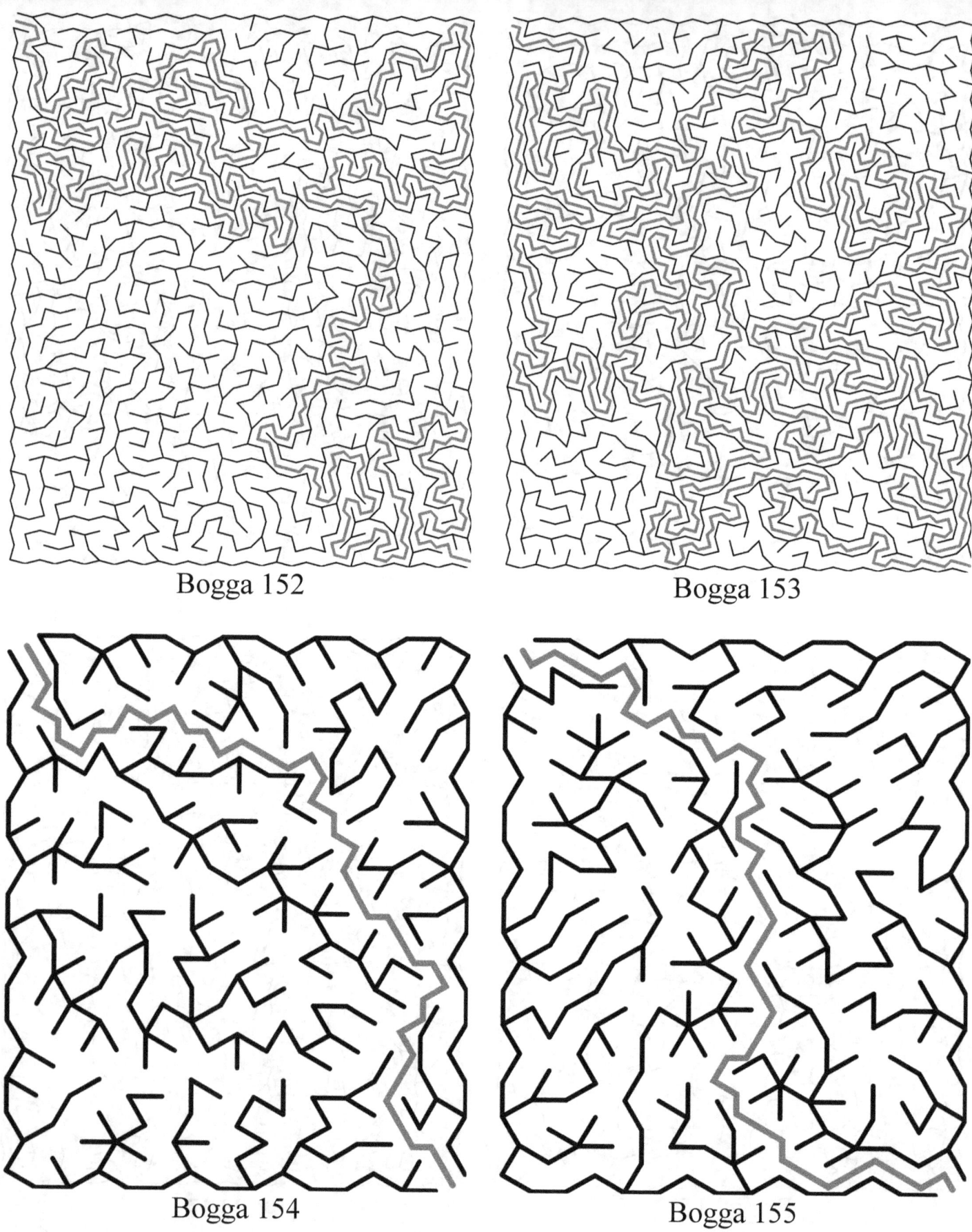

Bogga 152

Bogga 153

Bogga 154

Bogga 155

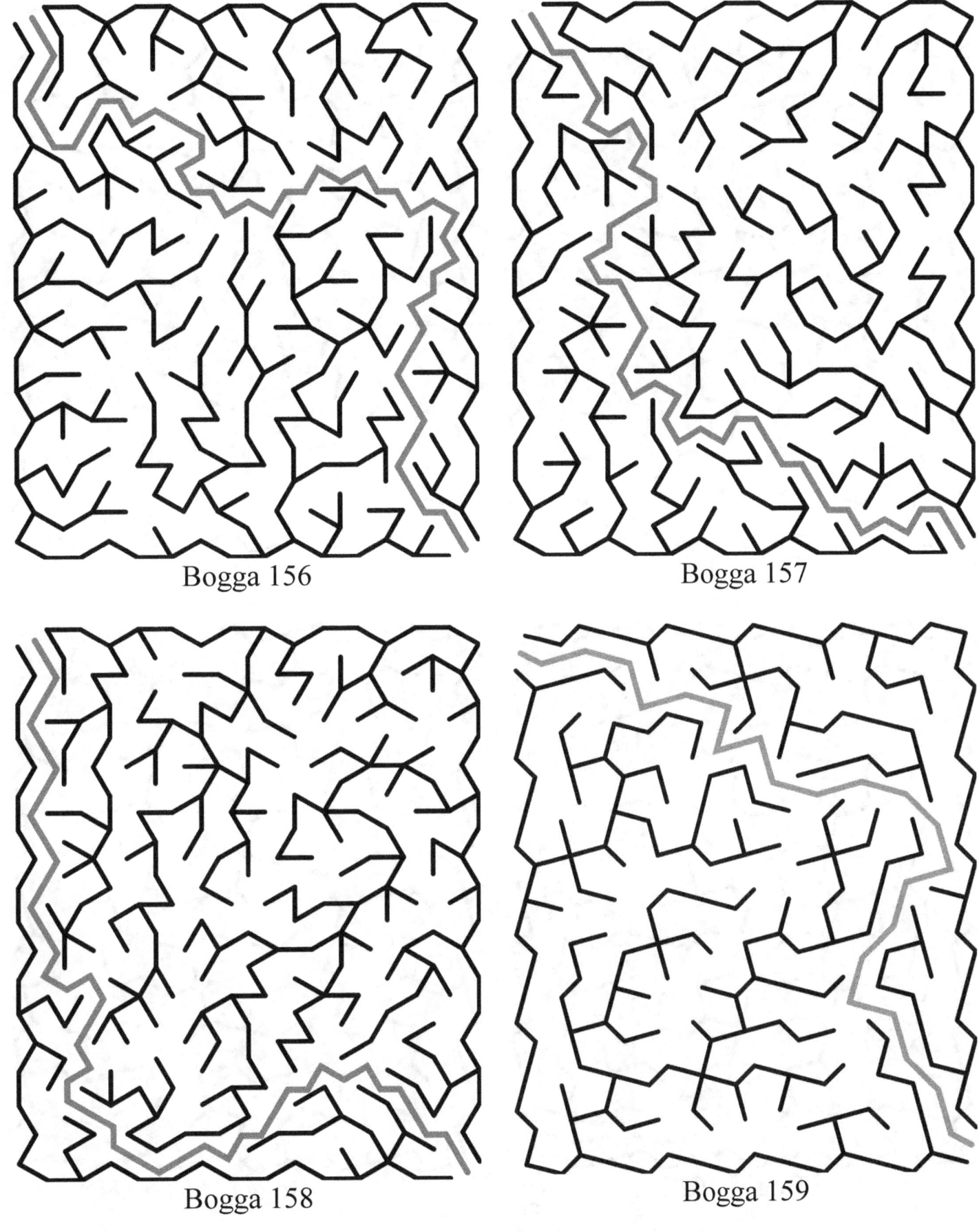

Bogga 160

Bogga 161

Bogga 162

Bogga 163

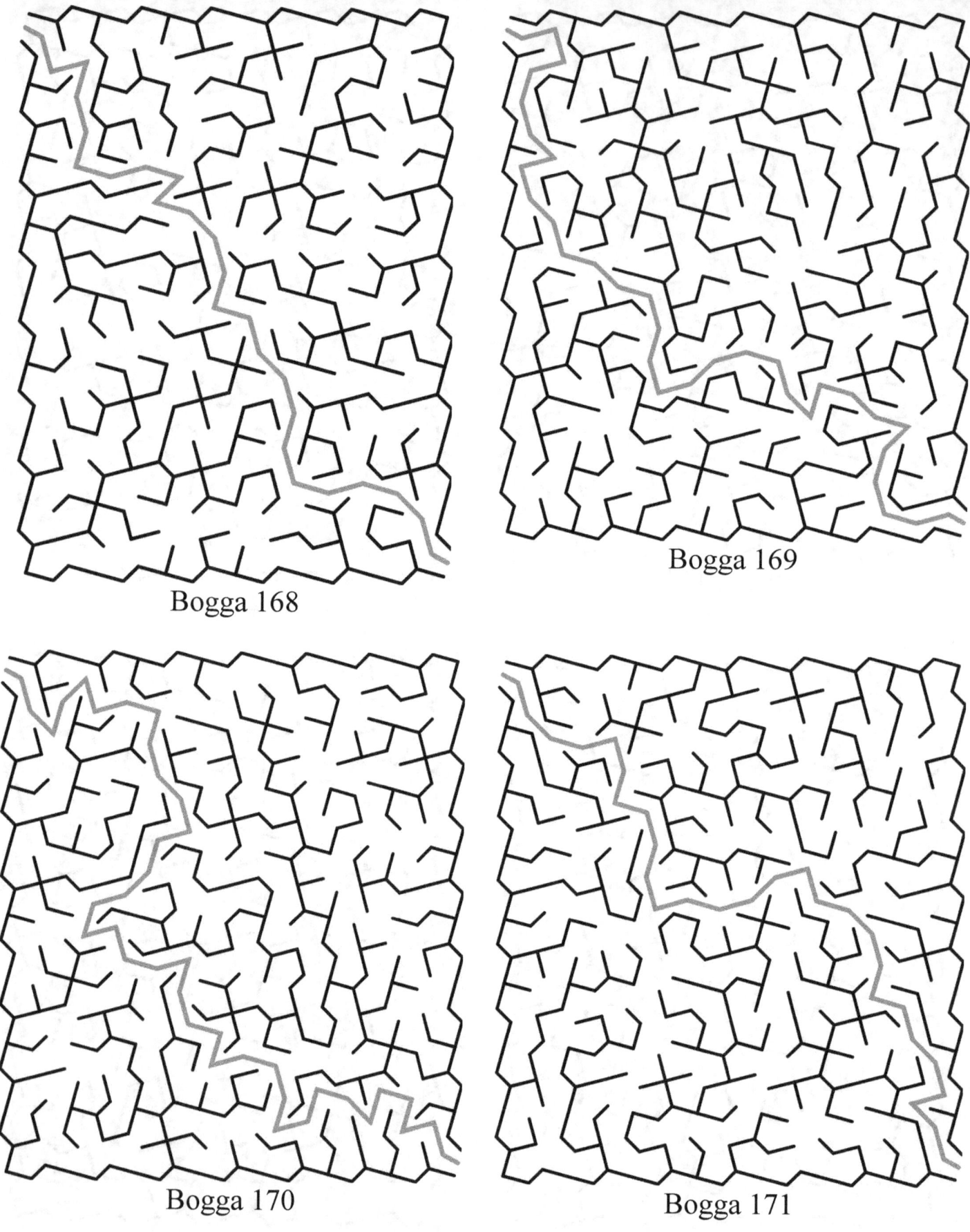

Bogga 168

Bogga 169

Bogga 170

Bogga 171

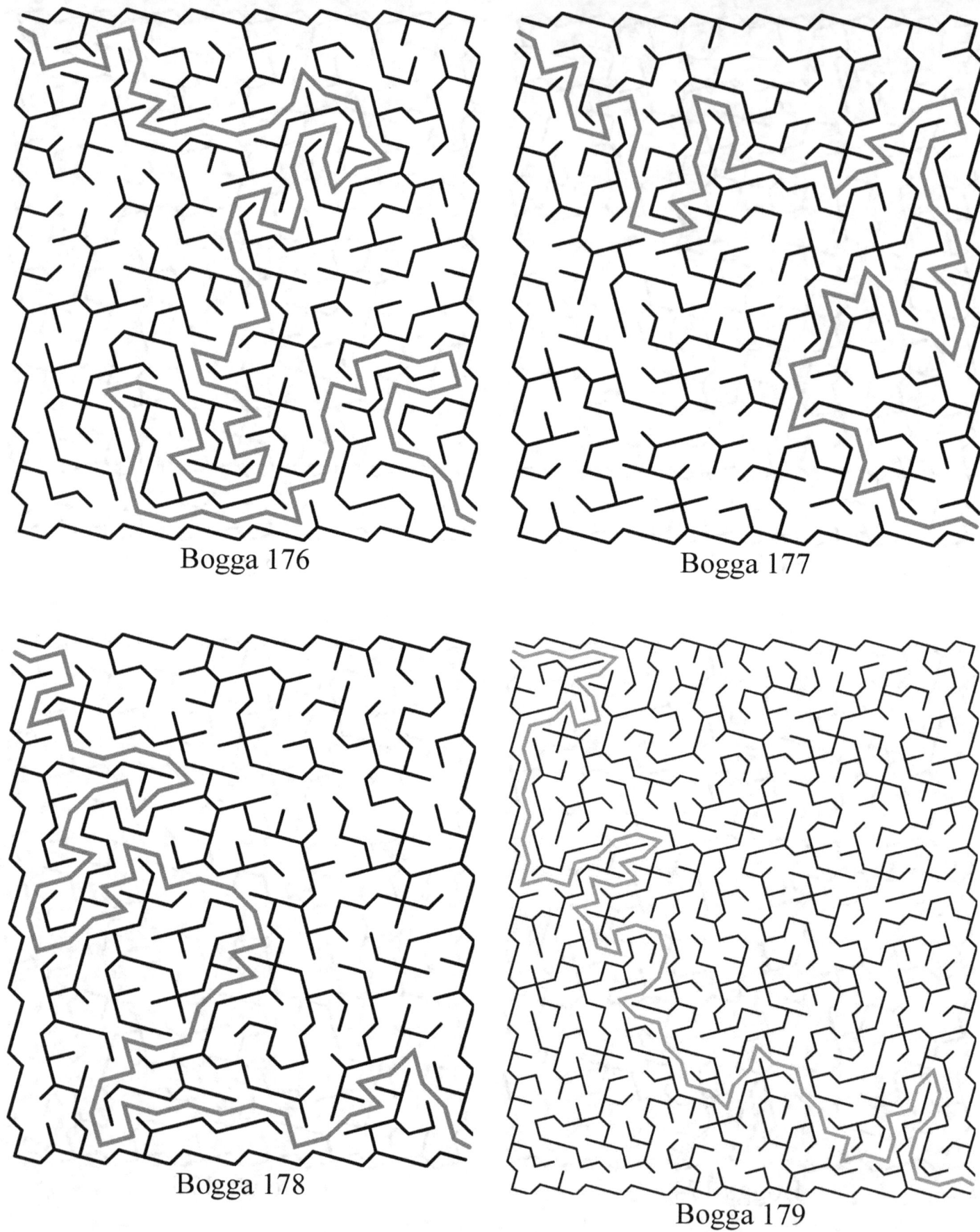

Bogga 176

Bogga 177

Bogga 178

Bogga 179

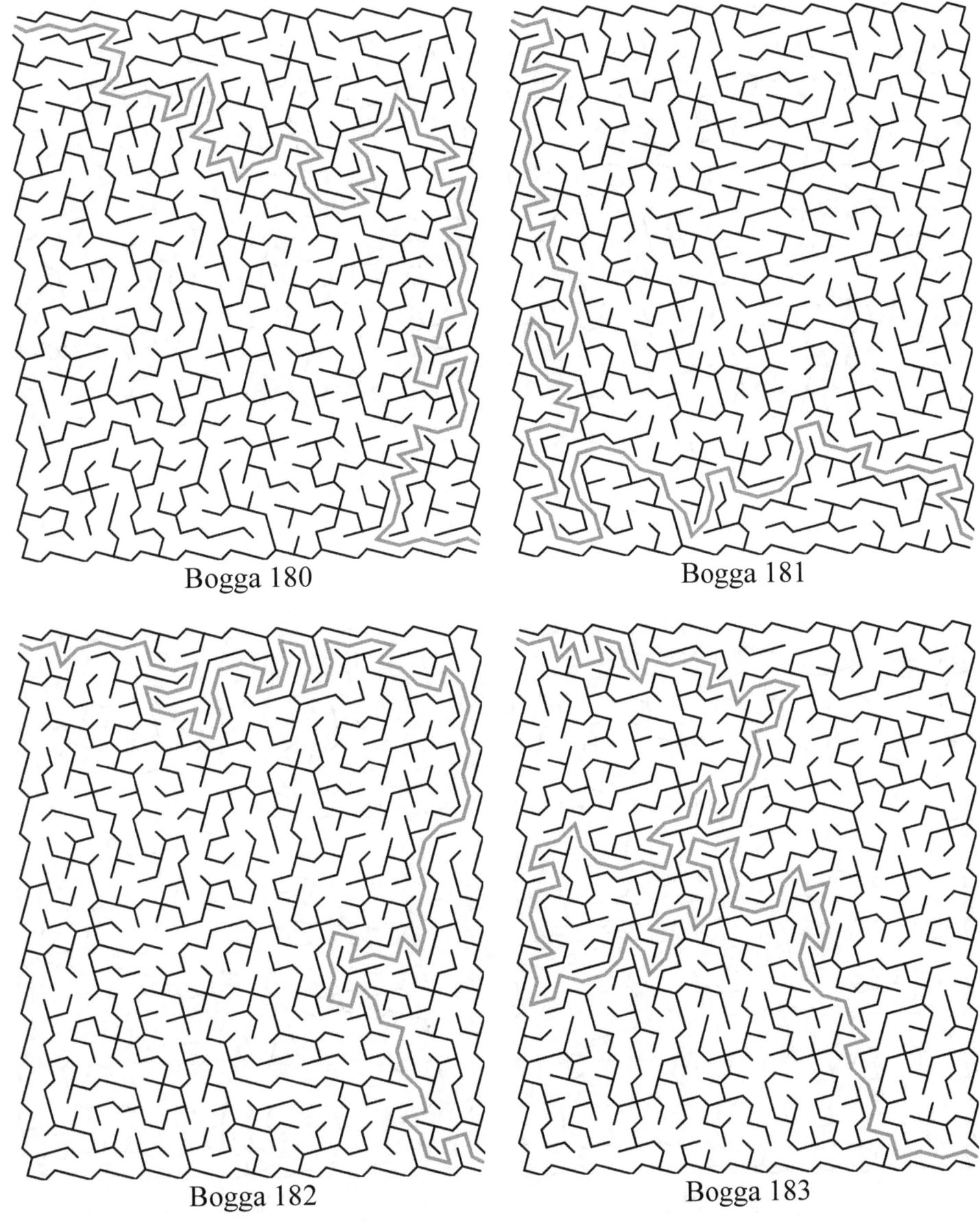
Bogga 180
Bogga 181
Bogga 182
Bogga 183

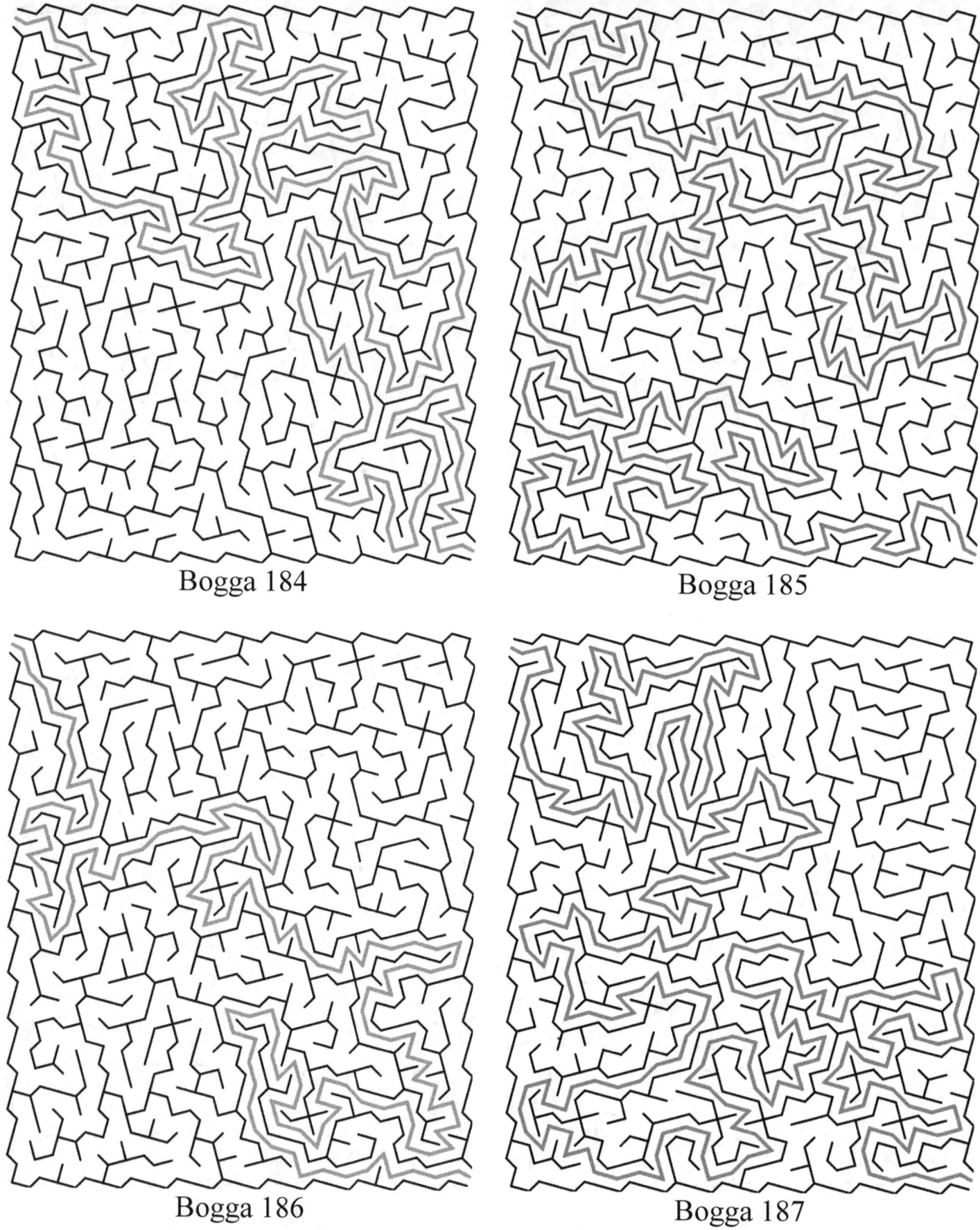

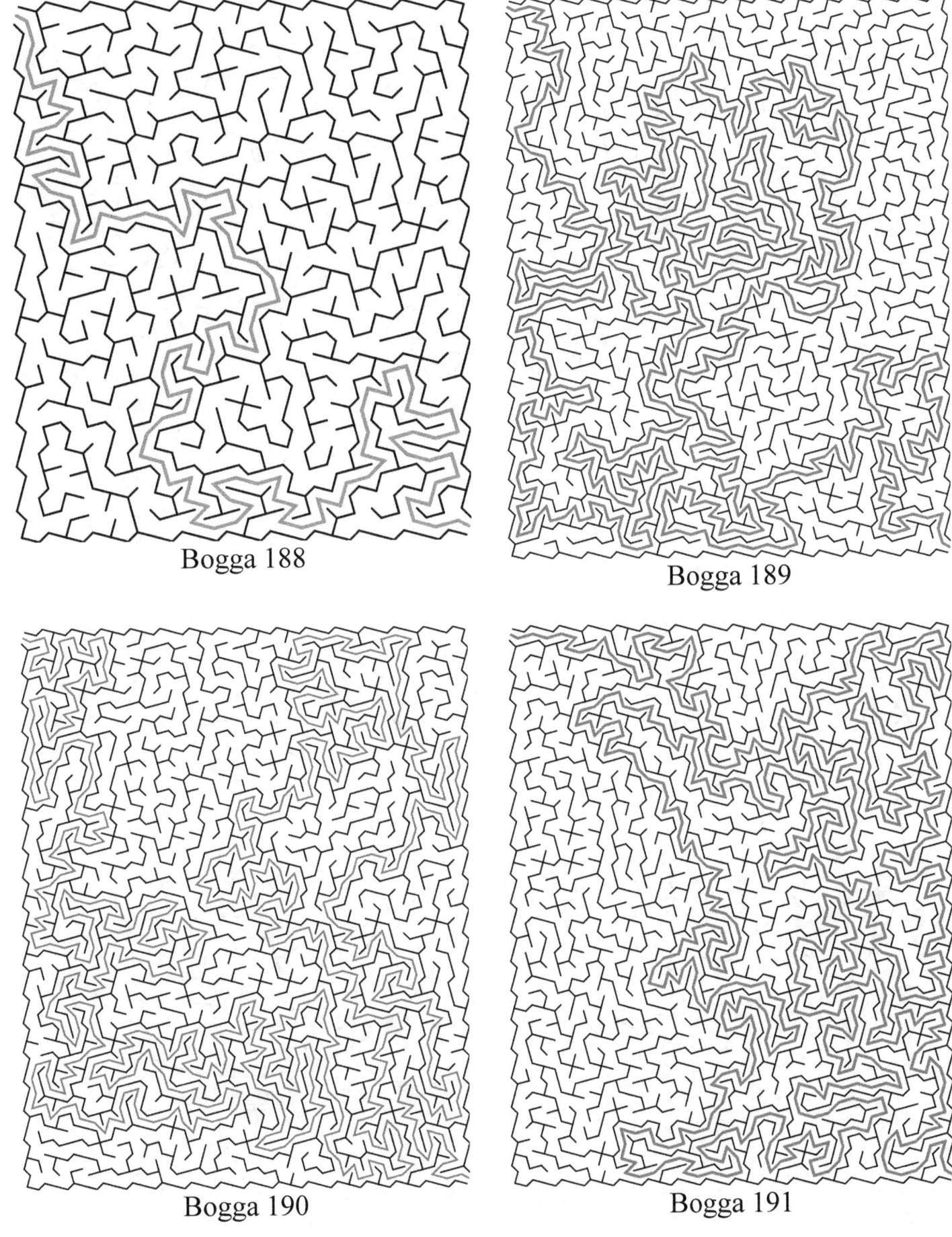

Bogga 192

Bogga 193

Bogga 194

Bogga 195

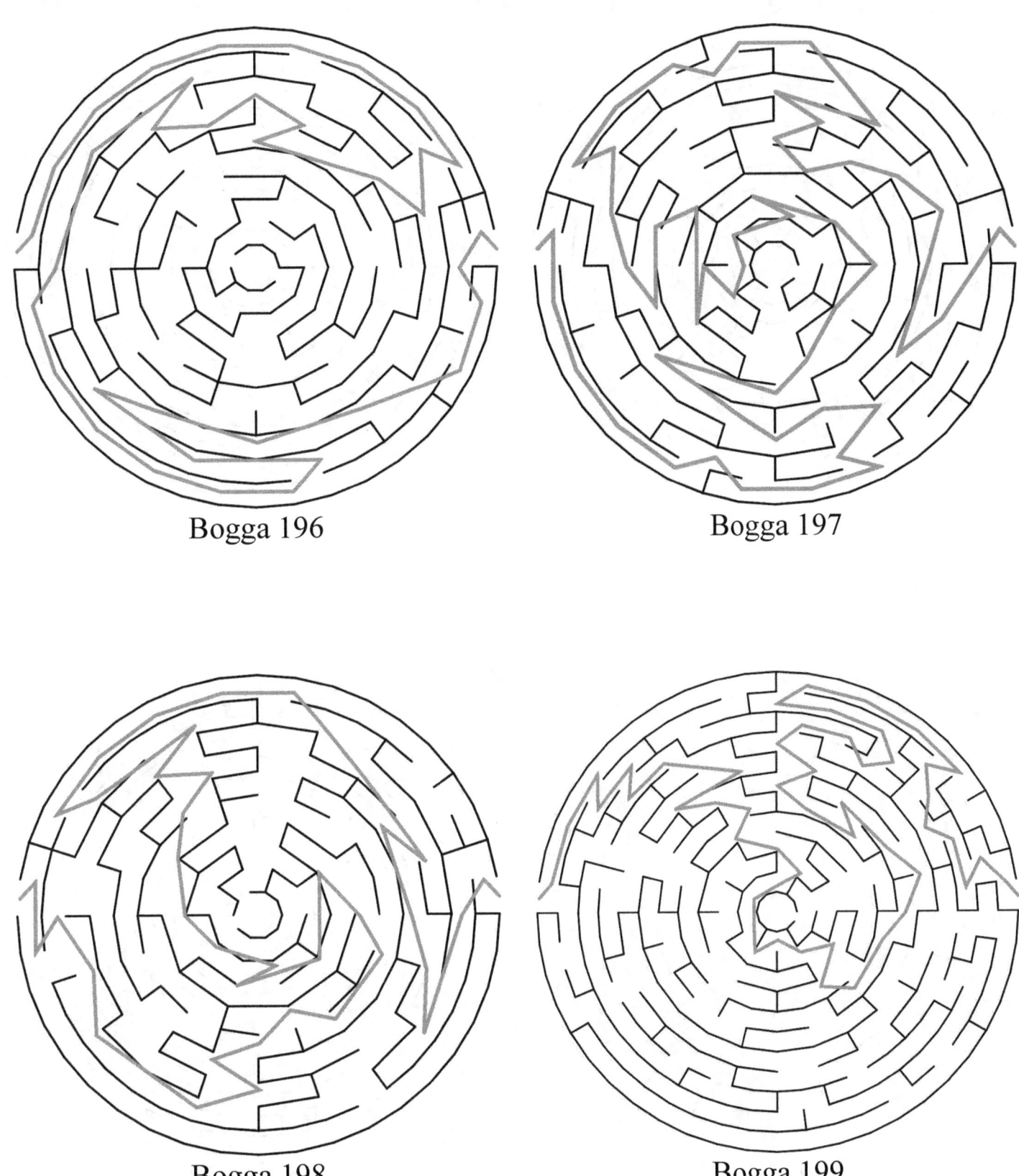

Bogga 196

Bogga 197

Bogga 198

Bogga 199

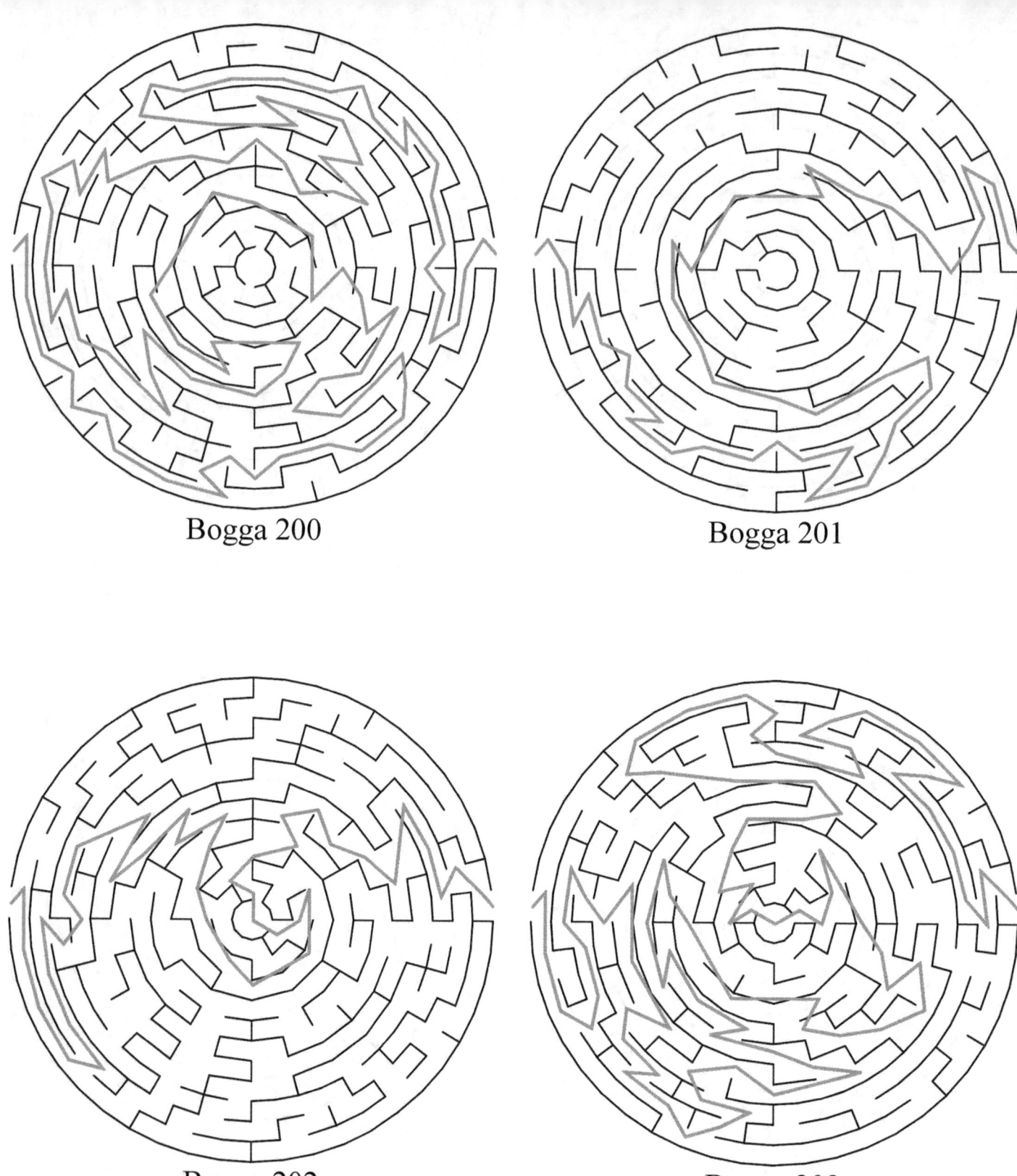

Bogga 200

Bogga 201

Bogga 202

Bogga 203

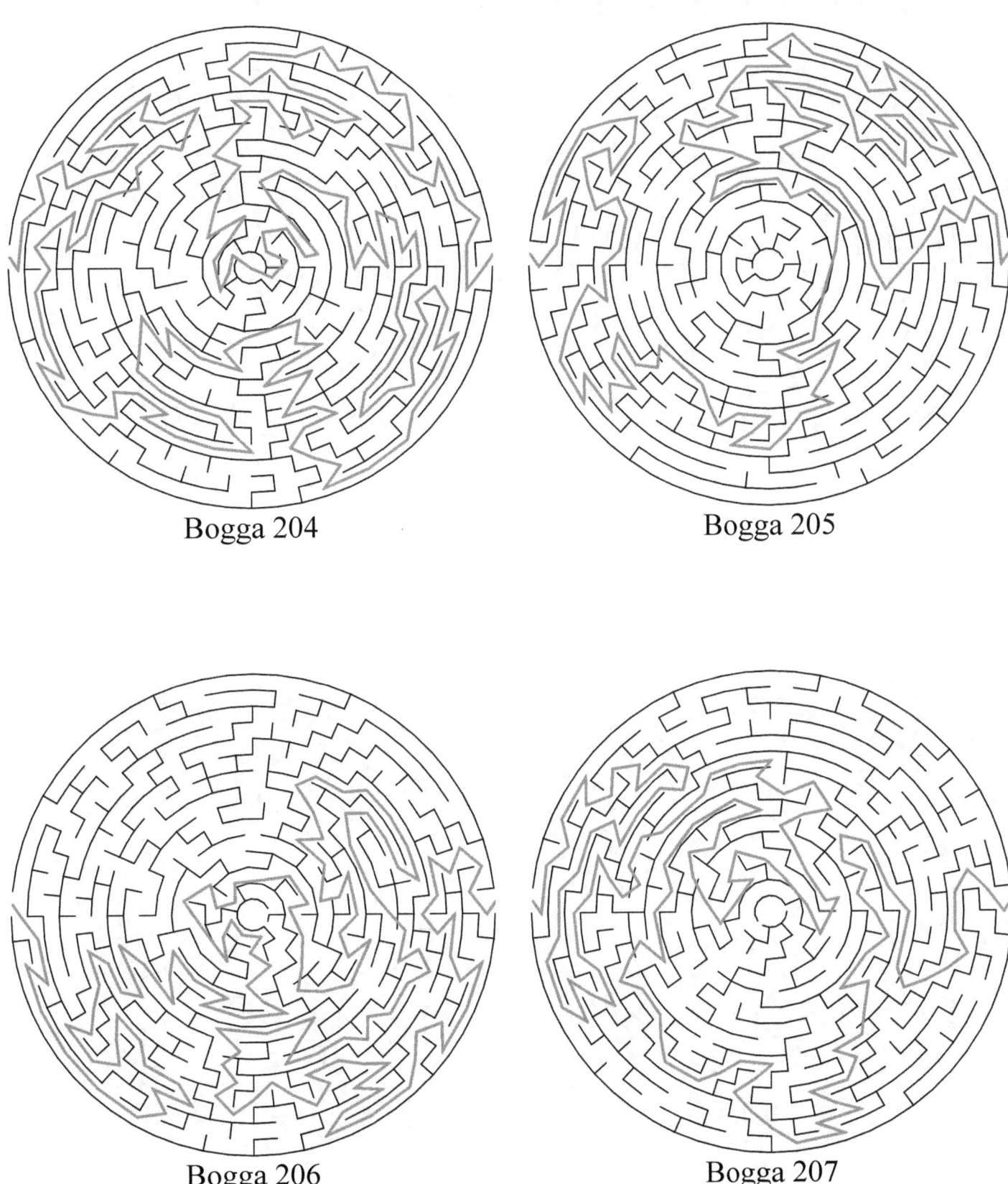

Bogga 204

Bogga 205

Bogga 206

Bogga 207

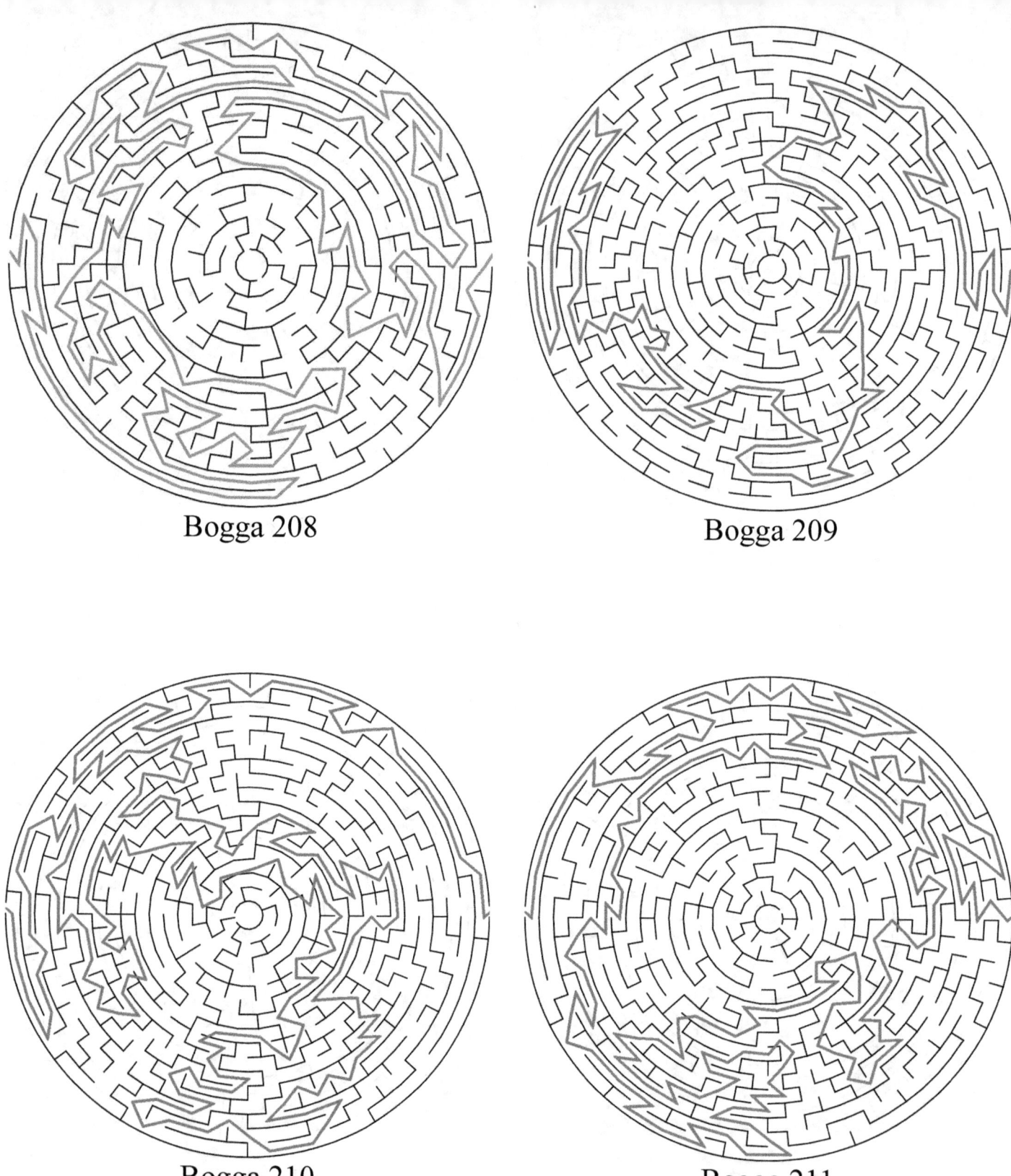

Bogga 208

Bogga 209

Bogga 210

Bogga 211

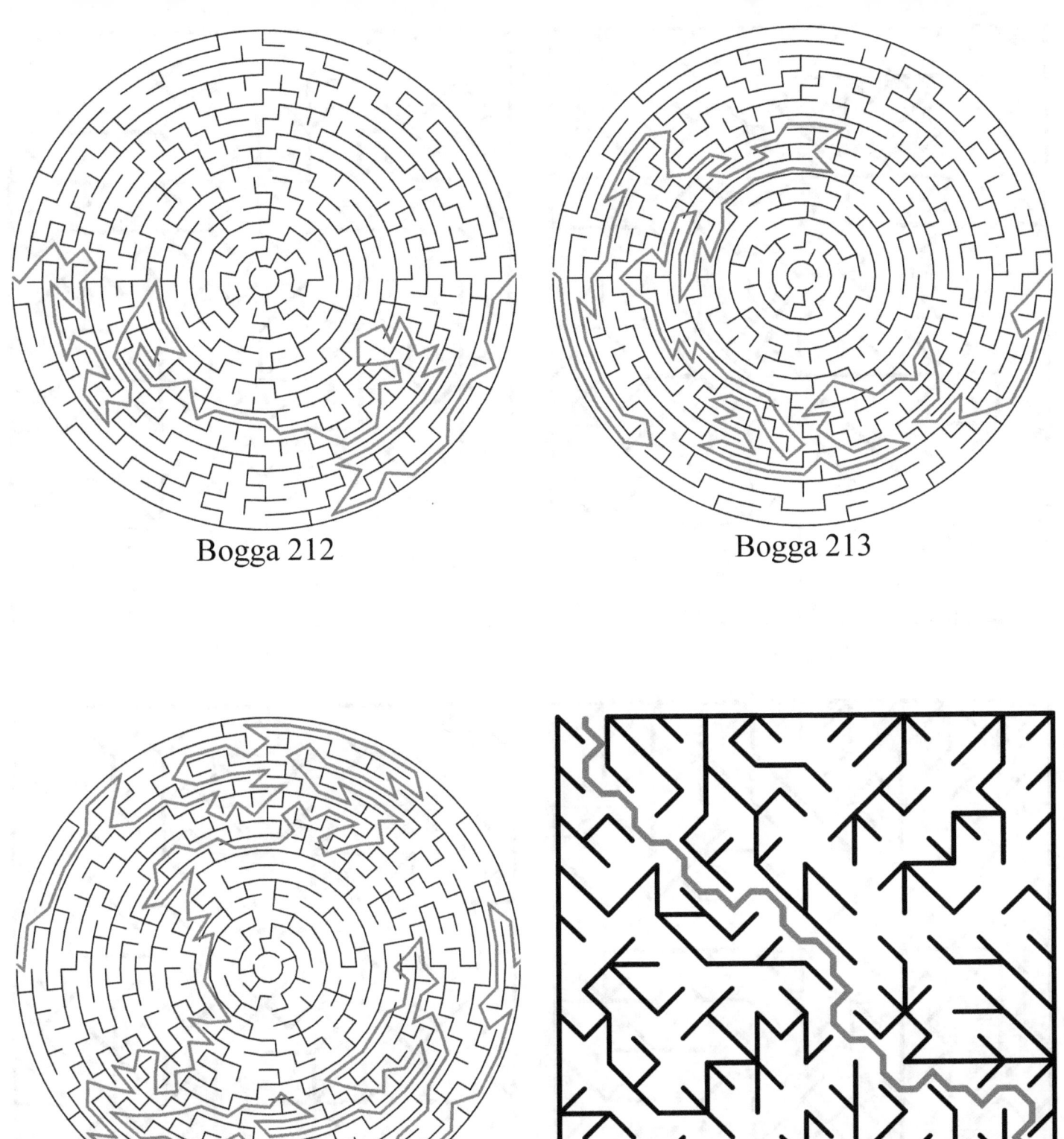

Bogga 220 Bogga 221 Bogga 222 Bogga 223

Bogga 228 Bogga 229 Bogga 230 Bogga 231

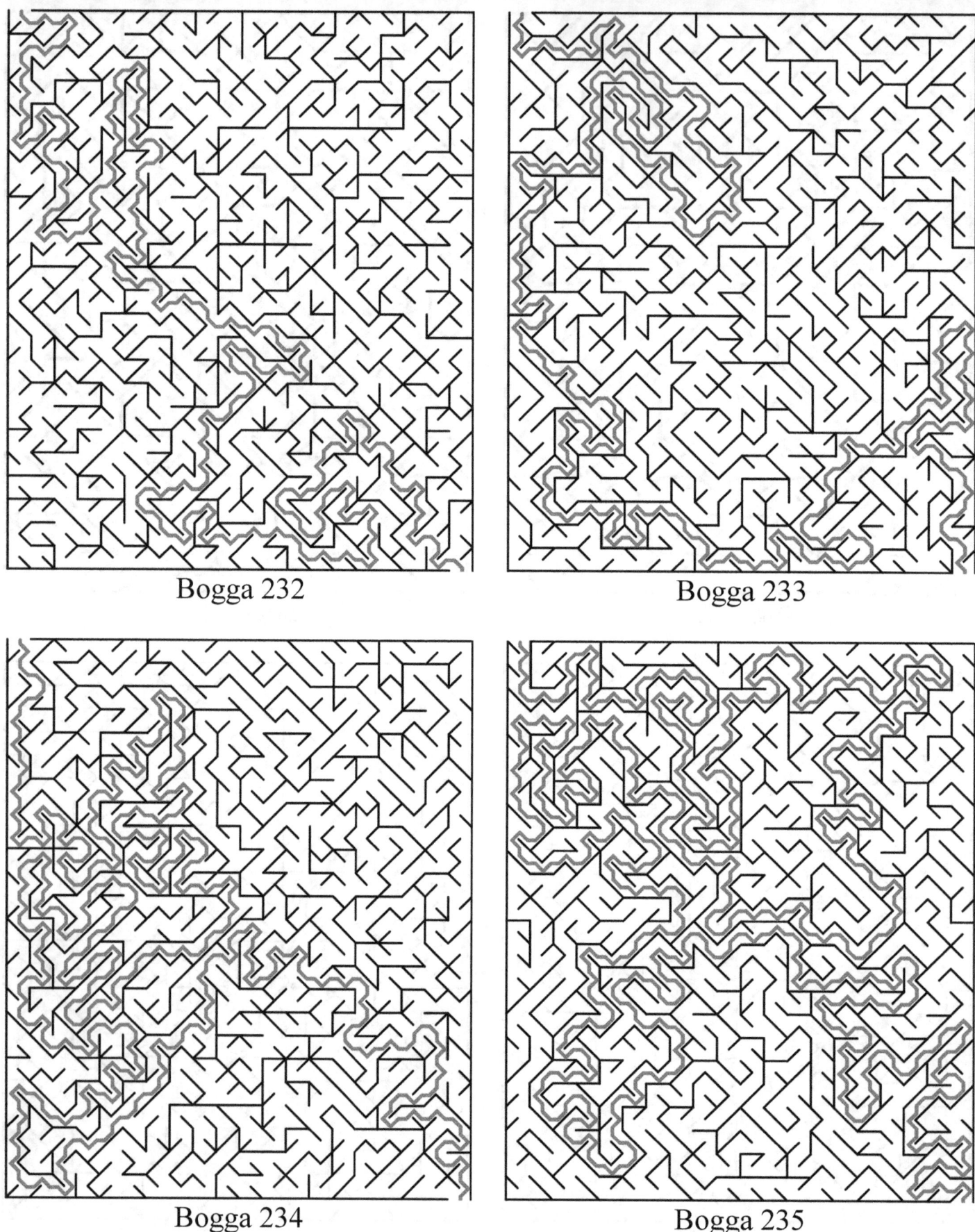

Bogga 232
Bogga 233
Bogga 234
Bogga 235

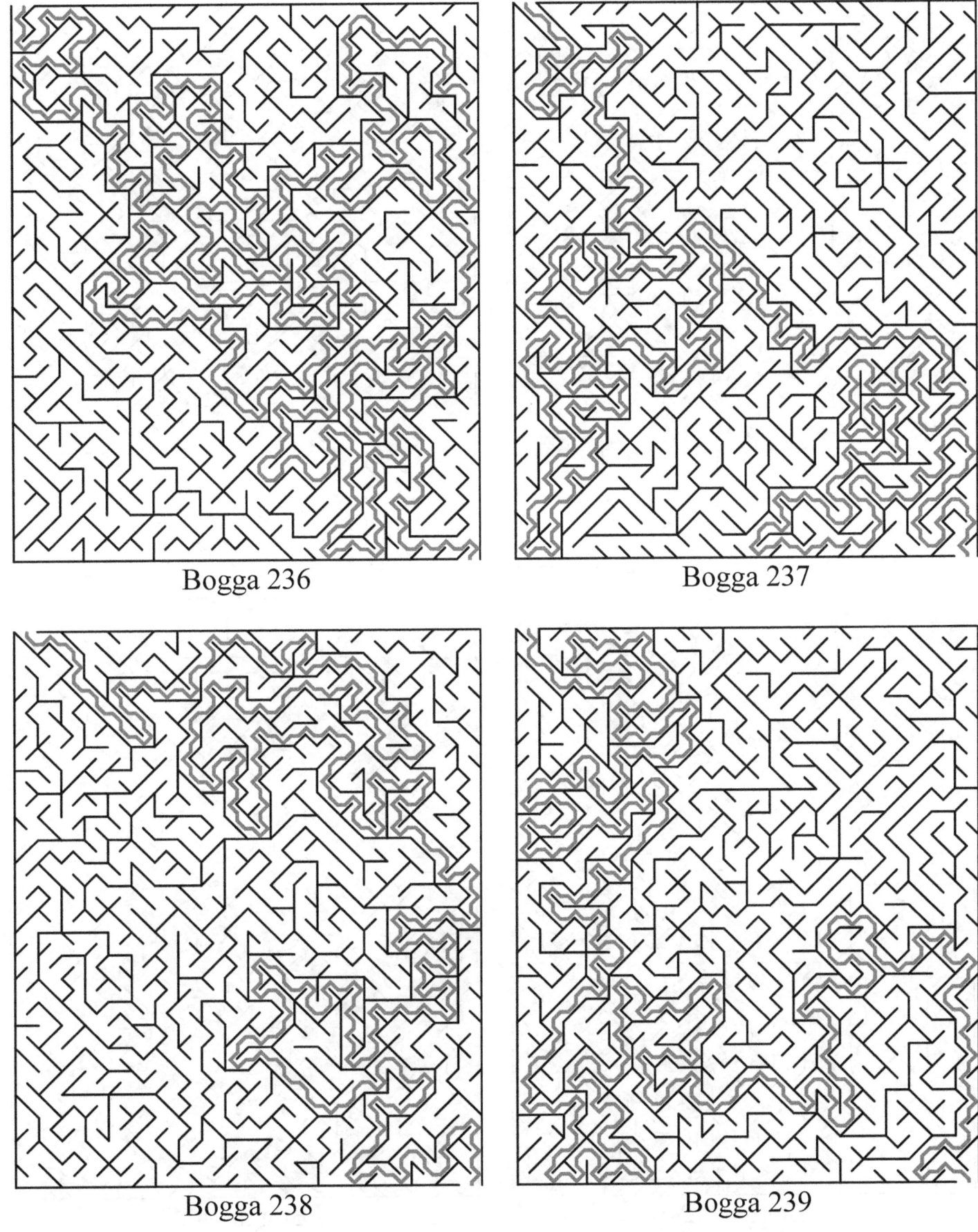

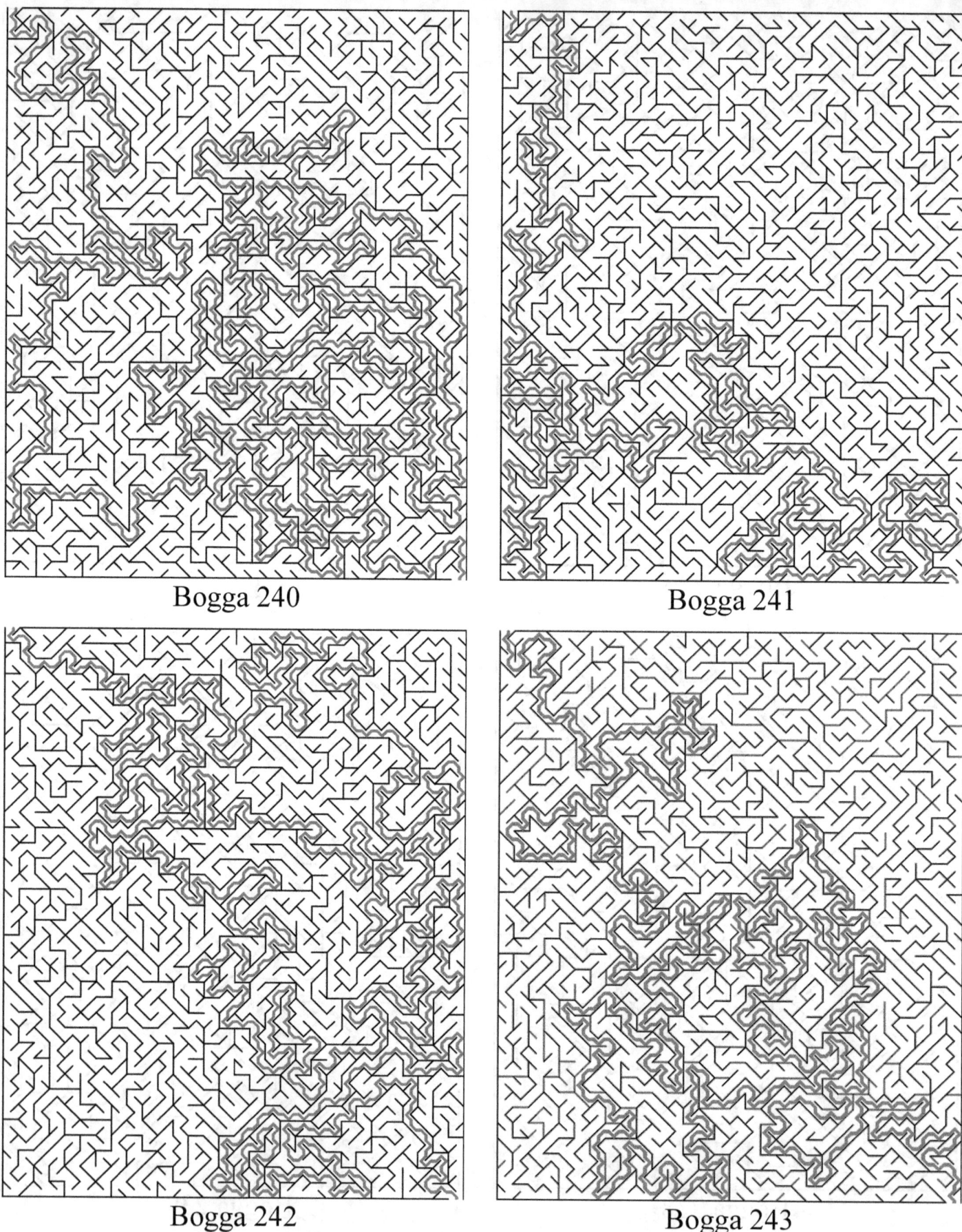

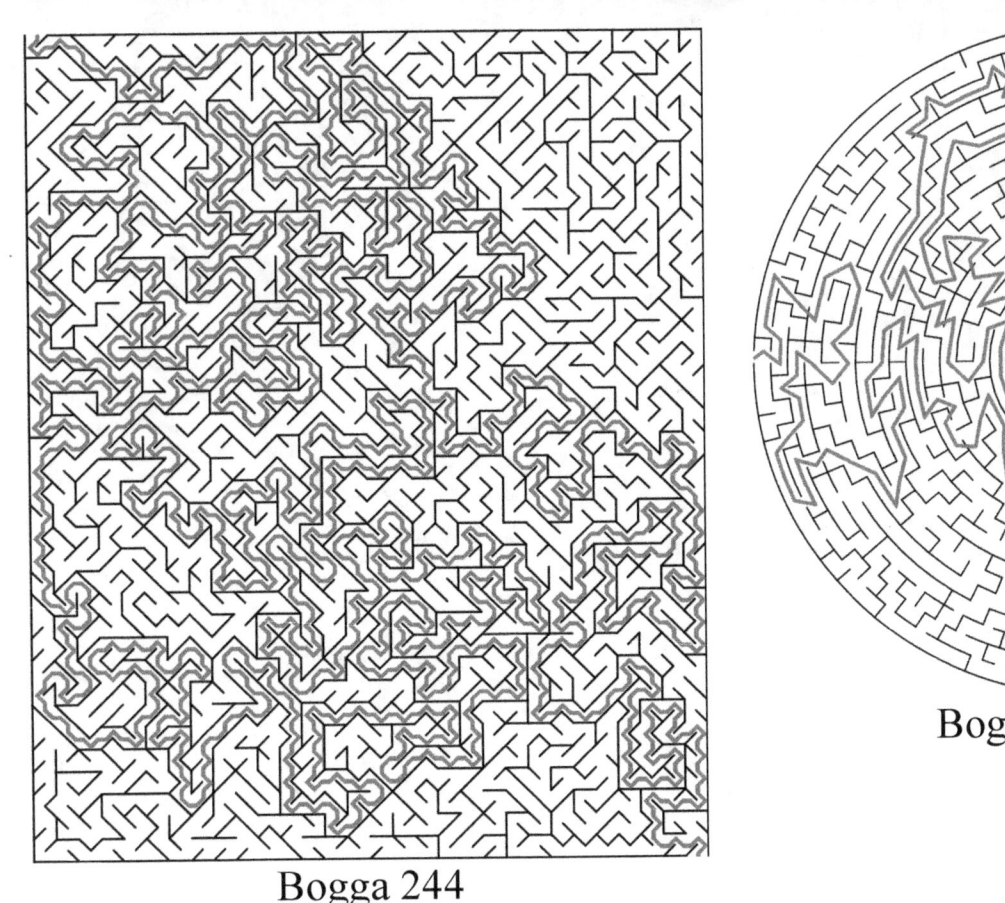

Bogga 244

Bogga Cinwaanka